# MUJER, CELEBRA

# OMAYRA FONT

# MUJER, CELEBRA

**FESTEJA TUS LOGROS... GRANDES Y PEQUEÑOS**

WHITAKER
HOUSE
*Español*

A menos que se indique lo contrario, todas las citas de la Escritura han sido tomadas de la *Santa Biblia, Versión Reina-Valera 1960*, rvr, © 1960 por las Sociedades Bíblicas en América Latina; © renovado 1988 por las Sociedades Bíblicas Unidas. Usadas con permiso. Todos los derechos reservados. Las citas de la Escritura marcadas (nvi) han sido tomadas de Santa Biblia, *Nueva Versión Internacional®* NVI® © 1999, 2015 por Biblica, Inc.® Usadas con permiso de Biblica, Inc.® Reservados todos los derechos en todo el mundo. Las citas de la Escritura marcadas (tla) han sido tomadas de *Traducción en lenguaje actual* Copyright © Sociedades Bíblicas Unidas, 2000. Usadas con permiso. Todos los derechos reservados. Itálicas y negritas en textos y citas bíblicas son énfasis de la autora.

Editado por: Ofelia Pérez

**Mujer, celebra**
**Festeja tus logros…grandes y pequeños**

ISBN: 978-1-64123-982-0
eBook ISBN: 978-1-64123-983-7
Impreso en Colombia.
© 2023 Omayra Font

Whitaker House
1030 Hunt Valley Circle
New Kensington, PA 15068
www.whitakerhouseespanol.com

Por favor, envíe sugerencias sobre este libro a: comentarios@whitakerhouse.com.

1 2 3 4 5 6 7 8 9 10 11 ⨆⨆ 30 29 28 27 26 25 24 23

# DEDICATORIA

Desde que publicamos *Mujer, valórate*, el primer libro de mi serie *Mujer*, en el 2019, todos los días recibo insumo de mujeres alrededor del mundo acerca de cómo cada uno de estos libros ha impactado su vida. Gracias a ellas (hoy en día tengo el honor de decir que han sido miles), he podido celebrar a diario uno de los sombreros que llevo con mayor responsabilidad: el ser autora.

Por eso dedico *Mujer, celebra*, el libro que cierra esta exitosa serie, a las mujeres que han tomado el tiempo de compartirme su experiencia y de cómo les ha cambiado la vida mi sueño de publicar estos libros. Soy privilegiada de vivir en la era de las redes sociales, donde puedo tener un contacto con mis lectoras. El insumo de cada una ha sido gasolina, motivación y celebración. Es claro que los sueños que Dios alberga en el corazón, no son tan solo para nosotros, sino para nutrir y afectar las vidas de todos los que están a nuestro alcance.

Dedico este libro, también, a todas las mujeres que, a partir de *Mujer, celebra*, comenzarán a festejar sus logros, grandes y pequeños, y que, al celebrar, sentirán cómo valorarse ha cambiado sus vidas y les ha inspirado a soñar, crear y emprender. Lo dedico a aquellas mujeres que, al atreverse a celebrar su vida, les aflorarán sueños distintos y renovarán fuerzas para hacer realidad lo nuevo y lo que se les quedó en el tintero. Todos los sueños a los que ponemos entrega, empeño y fe, se pueden realizar. Soy testimonio de ello. Ustedes también pueden.

Hoy celebro la vida de mis fieles lectoras, y oro para que su valor, sueños, creatividad y emprendedurismo, no solo crezcan a diario, sino que puedan celebrar al máximo cada pequeño o gran peldaño de su crecimiento.

# RECONOCIMIENTOS

En este cierre de mi serie *Mujer*, expreso mi agradecimiento a Whitaker House Publishers y Whitaker House Español, no solo por publicar mi sueño, sino por su compromiso con mis libros y conmigo, y su concepto de solidaridad y apoyo como casa editorial.

Gracias por el respaldo promocional y por ayudarme a convertir los libros en éxitos de venta.

Gracias por todas las puertas que abrieron para los mensajes de los libros y para mí como autora, predicadora, y mentora de mujeres, y por las amplias oportunidades en diferentes mercados.

Este arduo trabajo de equipo me lleva a agradecer el respaldo de Bob Whitaker, Jr. y Christine Whitaker; y el apoyo incondicional de Xavier Cornejo, director de Whitaker House Español; Ofelia Pérez, editora; y Mariana Tafura, directora de Ventas.

Gracias a cada uno de los distribuidores y libreros que creyeron en el contenido y propósito de estas obras.

Bendiciones para todos.

# ÍNDICE

# INTRODUCCIÓN

Mujer, celebra. Las palabras más sinceras y sentidas que puedo decirte a esta altura de mi vida es que tú puedes celebrar y estar alegre.

A lo largo de estos años te he llevado por un proceso de varias etapas en mi serie de libros *Mujer*. Cuando comencé esta serie había iniciado como un deseo por ver a la mujer en todo el mundo salir adelante de cualquier situación y convertirse en una persona exitosa, autorrealizada y satisfecha consigo misma.

Este libro se convierte en una pieza más de esta serie y debo decir que me llenan de gran emoción y entusiasmo los conceptos e ideas que verás plasmados en las siguientes páginas.

Dicen que nuestra cultura latina es muy fiestera, y por alguna razón aparentemente los del Caribe nos llevamos los mayores méritos en esta particularidad. Posiblemente sí sea cierto que haya algunas culturas más dadas a la expresión de la alegría que otras, pero eso no quiere decir que solo los de una cultura u otra lo puedan hacer.

Todas las personas, independientemente de su contexto cultural, familiar o económico tienen la capacidad y la posibilidad de disfrutar la vida, estar alegres y celebrar.

En este libro quiero abordar la celebración de la vida, y no solo de la vida en general, sino de cada etapa de ella. Quiero que experimentes el poder que provoca una actitud de celebración en tu vida. ¡Es transformador!

Y quiero que comiences a celebrar a partir de hoy. Celébralo todo. Celebra porque puedes, porque eres libre, porque eres amada, porque eres exitosa. Celebra porque estás viva.

Es hora de que comiences a contar todas las bendiciones que tienes en tu vida. Una bendición es algo grande. Algunas parecerán pequeñas, pero ya verás que no lo son. Todas las bendiciones son grandes, y todas las debes celebrar. Hay tanto por lo que puedes estar alegre, hay tanto por lo cual celebrar.

En estas páginas yo te hago la invitación a que abras tus ojos a todo lo que tienes en tu vida. Todo está ahí para tu disfrute. Todo está ahí para que lo vivas, lo aproveches, y lo celebres.

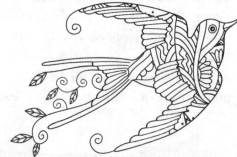

# 1

# CELEBRA EN TODO TIEMPO

¿Has visto un niño pequeño? Todo lo que tiene a su alrededor es motivo de asombro y sorpresa. Con cualquier cosa lo puedes hacer feliz, y sin mayor esfuerzo puedes lograr que olvide aquello que momentos antes lo había hecho llorar.

En una ocasión las personas comenzaron a llevar a los niños a Jesús para que orara por ellos. En ese momento los discípulos se molestaron pensando que quizás incomodaban al Maestro con esto. Al darse cuenta Jesús de lo que estaba pasando se indignó y dijo unas palabras muy fuertes.

En Marcos 10:14 (NVI) Jesús les dijo a sus discípulos: *"Dejen que los niños vengan a mí, y no se lo impidan, porque el reino de Dios es de quienes son como ellos"*.

¿Qué quería decir Jesús con esta frase? Hay una gran lección que encierra esta declaración. Jesús nos dice que tú y yo debemos ser como niños. La pregunta que deberíamos quizás hacernos aquí es: ¿Cómo son los niños?

Una de las particularidades que más admiro de los niños es su posibilidad de impresionarse por todo. Todo les resulta nuevo, asombroso y sorprendente. Para nosotros, los adultos, la vida se torna común, conocida y vieja. Pero para un niño todo le es nuevo. Están en ese momento de la vida donde están apenas conociendo el mundo y aprendiendo a desenvolverse en él.

Para un niño la cosa más sencilla puede terminar siendo motivo de impresión. A veces creemos que los niños necesitan juguetes costosos y altamente sofisticados cuando la imaginación puede entretener mucho más que un juguete real. Quizás hayas visto videos de niños jugando con botellas de plástico o un cepillo, como si fueran un micrófono. Es quizás la imagen más fresca que tengo en mi mente al escribir estas palabras. El otro día vi un video de unos niños en África jugando a "iglesita". No tenían micrófonos Shure como los que usamos en los adultos. Cada uno tenía una botella de plástico amarrada a un palo de escoba como pedestal. Recuerdo verlos cantar con todas sus fuerzas una canción de Hillsong que sonaba de fondo.

Para el niño no existe la frase "no puedo". Para el niño no existe la palabra "imposible". Todo se puede a través del juego y la imaginación. De niño puedes ser cualquier cosa, desde astronauta hasta buzo marino, y puedes hacer todo. Desde caminar sobre la luna, luchar contra los animales salvajes más feroces y vencer, hasta operar a tu perrita de un mal que no existe.

En ese momento de juego, de alegría no hacía falta tener lo más caro y sofisticado, ni hacía falta tener todo el dinero del mundo. Lo único que necesitaban era querer divertirse, querer jugar, y soñar.

Lo que te quiero decir es que el ser como niño significa que cualquier situación monótona, común y rutinaria puede ser motivo de gran alegría y celebración.

¿Quién no ha jugado a lo que quieren ser cuando sean grandes? ¿Quién no ha jugado a la casita, o a ser doctora, a ser bombera, piloto, etcétera? Para los niños su mayor recurso es la imaginación. Ese "pretender que somos", aun cuando no se es.

Quizás una de las preguntas que quiero sembrar en tu corazón a lo largo de este libro es la pregunta: ¿Qué necesitas tú para ser feliz? El punto principal que quiero que sepas en este momento es que tú puedes ser feliz, y puedes ser feliz con poco o con mucho. Es más, puedes ser feliz ahora mismo con todo lo que estás viviendo en este momento. Es cierto que la vida da vueltas y cada día puede ser diferente, pero tú puedes llegar a ser como los niños que no dejan de sorprenderse y ser felices con lo más pequeño y elemental.

Los niños no necesitan más, el mundo ya es de ellos. Ellos ya son esos astronautas, esos corredores de carros de carreras, esas doctoras y enfermeras, esas madres y veterinarias. Lo pueden ser todo, aun cuando no lo son. ¿En qué momento perdimos ese tesoro? ¿En qué momento comenzamos a enfocarnos más en lo que estamos viviendo en la realidad, y dejamos de ver lo que podemos llegar a ser?

Uno de los propósitos que he tenido al escribir esta serie de libros es que tú puedas pasar de un punto A a un punto B, C, D, o Z. Una de mis mayores oraciones es que tú entiendas que los límites en tu vida los pones solamente tú.

No se trata de que sigas imaginando o que crees castillos en el aire. De niña, era la imaginación, pero de adulta tienes un recurso que es mucho más poderoso que la imaginación, y es la fe. No es que tú tengas que pretender lo que no es, o jugar a lo que no es. Es más bien que tú puedas visualizar lo que quieres llegar a ser y comenzar a dar los pasos que necesitas para llegar a esa meta, ese sueño, ese propósito.

Algo que quiero que sepas es que no hay excepciones para la felicidad, y no hay condiciones tampoco. Tú puedes ser feliz, en todo tiempo, aún en los momentos más difíciles de tu vida puedes aprender a sonreír y ser feliz. Puedes aprender a celebrar. Cuando digo que no hay excepciones para ser feliz lo que quiero decir es que cualquier persona puede ser feliz. No hay nadie en esta tierra que no pueda tener acceso a la felicidad.

Y eso es porque tampoco hay condiciones para ser feliz. A veces eres tú misma quien condiciona tu felicidad. Me parece impresionante ver qué tan fácil postergamos nuestra felicidad a veces. Muchas veces, sin darnos cuenta, terminamos pensando algo así como: cuando termine la universidad voy a ser feliz, o, cuando me den mi promoción en el trabajo voy a ser feliz, cuando me case voy a ser feliz. Y tantas veces seguimos pateando el balde de la felicidad hacia delante, dejándolo como un proyecto a futuro, cuando puede ser una realidad del presente.

Tú puedes ser feliz hoy mismo, ya mismo, así como estás, con todo lo que tienes ahora mismo, o incluso, con todo lo que *no* tienes ahora mismo. Una de las grandes realidades acerca de la felicidad es que tú no puedes comprar la felicidad. Tampoco la puedes pedir prestada. La felicidad es una decisión. Tú determinas ser feliz sin importar qué esté pasando a tu alrededor o aún dentro de ti.

¡Y eso es algo grande! Es algo invaluable. Tú no necesitas tener dinero para ser feliz, no necesitas de nadie para ser feliz, no necesitas que nadie te dé algo para ser feliz. Tú misma puedes decidir tu felicidad, tú puedes celebrar cualquier día, cualquier ocasión y hasta cualquier situación, y en estos próximos capítulos tú vas a ver cómo lo puedes hacer.

## EL DON DE SONREÍR ANTE LA ADVERSIDAD

Cuando pensamos en la palabra "don", para muchos es probable malinterpretar a un don con una habilidad. Quizás has escuchado "el don de la música", "el don de hablar en lenguas", "el don de la predicación", y lo pensamos como un talento, una habilidad. Pero no siempre lo identificamos con la totalidad de lo que esa palabra realmente significa. Un don también es un regalo.

Sucede algo parecido con la felicidad. Muchas personas consideran la felicidad como una meta. ¿Has oído a alguien decir, o quizás tú misma has dicho la expresión: "Quiero ser feliz"? Quizás este principio del que te estoy hablando pueda ayudarte a verla de una manera distinta. De hecho, es imprescindible que veas la felicidad no como una meta, sino como un regalo.

Una meta es algo que tú alcanzas, un regalo es algo que tú recibes. Una meta es algo que requiere de esfuerzo, dedicación y tiempo, un regalo es algo que no cuesta nada.

La mejor manera en que puedo respaldar esto que digo es por medio de un versículo bastante conocido en la Biblia, que se encuentra en Isaías 61:1-3 que dice:

> *El Espíritu de Jehová el Señor está sobre mí, porque me ungió Jehová; me ha enviado a predicar buenas nuevas a los abatidos, a vendar a los quebrantados de corazón, a publicar libertad a los cautivos, y a los presos apertura de la cárcel; a proclamar el año de la buena voluntad de Jehová, y el día de venganza del Dios nuestro; a consolar a todos los enlutados; a ordenar que se les dé gloria en lugar de ceniza, óleo de gozo en lugar de luto, manto de alegría en lugar del espíritu angustiado.*

Este gozo, esta alegría te son dados. Tú no tienes que hacer nada para disfrutar de ellos, nada más que simplemente recibirlos. Esto es, tomar la decisión de disfrutarlos.

Tú debes aprender a celebrar cada momento de tu vida, aún esos momentos que no son agradables. La lógica popular nos dice que la celebración está reservada solo para los momentos agradables. Celebramos cuando alcanzamos una meta, cuando logramos una proeza, cuando nos pasa algo excesivamente bueno.

Pero la realidad que nos muestra la Palabra de Dios es que tú puedes celebrar en todo tiempo, aún en los momentos de adversidad, de incertidumbre y de frustración.

Quizás te estés preguntando: ¿Cómo puedo celebrar algo negativo?

Hay un principio que quiero que tengas presente en cada momento: siempre hay algo que puedes celebrar. Siempre hay algo por lo cual puedes estar feliz. Esa es la belleza del don de sonreír ante la adversidad. El regalo de la felicidad significa que no depende de tus circunstancias, ni de tu pasado, ni de tu condición actual.

El regalo de la felicidad depende solamente de quien te dio ese regalo. Y ese regalo te lo ha dado Jesús. Así son los regalos. Todo regalo depende únicamente de la persona que lo da. Y tú tienes un regalo excepcional dado por una persona excepcional. Y esa persona, Jesús, te da el regalo de sonreír en todo momento, sin importar qué pueda estar ocurriendo en tu vida.

## DISCERNIR LOS RAYOS DE ESPERANZA EN MEDIO DE LAS TORMENTAS

¿Sabías que cuando llueve no siempre llueve de igual manera en todo lugar? Aún en un mismo territorio de una misma ciudad es muy posible que llueva en algunas zonas más que en otras.

Una vez oía una conversación de amigos donde una de las personas había trabajado como meteoróloga, la conversación era vacilando porque algunos decían que casi nunca las predicciones de los meteorólogos son acertadas, que muchas veces fallan. Me llamó poderosamente la atención la respuesta de esta profesional en el tiempo atmosférico porque dijo:

"El problema es que cuando llueve o no llueve en tu localidad tú estás viendo solamente una pequeña porción de todo el sistema atmosférico. Si decimos que hay un 80% de posibilidad de que llueve, y tú ves que no llovió, no es que se equivocó el pronóstico, sino que en tu localidad no llovió, pero es muy probable que en otra localidad sí llovió".

Me quedé pensando en esto porque le encontré una gran verdad a esta respuesta. A veces medimos las situaciones en nuestro entorno por lo que estamos viendo, y no siempre estamos viendo todo lo que realmente está pasando.

Las nubes no son eternas, ni se extienden indefinidamente. Toda nube tiene un final, toda tormenta tiene un límite. ¿Has visto esos rayos de sol que salen en ciertos momentos en medio de un cielo densamente nublado? ¡Se ven preciosos! Cuando algunas nubes se mueven pueden crear espacios vacíos en el cielo, por el cual los rayos de luz atraviesan y crean un espectáculo visual sin comparación.

Pero esos rayos de luz están siempre, aun cuando las nubes no te permiten verlos. Lo que quiero decir es que el problema no es la ausencia de luz, sino el exceso de nube. Pero debes saber que la luz siempre está ahí. El sol siempre está ahí cada día alumbrando el cielo sobre tu cabeza. Lo que esto significa es que por más nublado que esté el cielo, por encima de esas nubes siempre están brillando los rayos de luz.

Lo que tú tienes que saber es que por más lleno de nubes que pueda estar el cielo sobre tu vida, siempre hay rayos de luz brillando, que es posible que no puedas ver directamente, pero están ahí. Incluso, por más oscuro que el cielo esté, siempre hay luz, aunque sea más tenue, y eso es algo que no debes olvidar jamás.

## CREA LA LUZ EN MEDIO DE LA OSCURIDAD

Sin embargo, sí, es verdad, aunque haya luz no siempre los rayos atraviesan directamente las nubes para llegar a la tierra. Pero tienes que entender que las nubes también cumplen una función, y son importantes. Tú también puedes celebrar que haya nubes, incluso, puedes celebrar que haya oscuridad.

Uno de los errores más grandes que cometemos a veces como seres humanos es lanzarnos a los extremos. Queremos mucho de una sola cosa, y todo exceso puede crear un desbalance. Los excesos son nocivos, y es necesario un balance. Aún en cuanto a las experiencias de la vida.

Tú no puedes pretender que todo en la vida será perfecto y color de rosa. Claro que la mente humana quisiera eso, y si así fuera, maravilloso. Pero la realidad no es así. Aún en la vida hay momentos buenos y momentos malos. Y es posible que en tu vida haya una mezcla de momentos, tanto buenos como malos, puede que haya momentos de oscuridad y tinieblas, pero también hay luz disponible para ti.

Tú puedes crear un día brillante en cualquier oscuridad en la que estés. Ese poder está en ti porque como viste anteriormente, es un regalo que te fue dado. Quiero que veas qué hizo esa persona, Dios, quien te dio ese regalo en un momento de oscuridad.

En el relato de la creación que vemos en Génesis capítulo 1, versículo 2, que *"la tierra estaba desordenada y vacía, y las tinieblas estaban sobre la faz del abismo".*

Me imagino que hay momentos en que tú te has sentido así también. Sientes que tu vida está desordenada, sientes que hay un vacío dentro de ti, y puedes estar sintiendo que tinieblas te rodean.

Pero encontramos algo maravilloso que Dios hizo en los versículos 3 al 5:

> *Y dijo Dios: Sea la luz; y fue la luz. Y vio Dios que la luz era buena; y separó Dios la luz de las tinieblas. Y llamó Dios a la luz Día, y a las tinieblas llamó Noche. Y fue la tarde y la mañana un día.*

Dios encontró tinieblas en su creación, y en lugar de dejarse llevar por la frustración, por la tristeza, por el enojo, hizo algo maravilloso. Quiero que veas 4 cosas que Dios hizo con respecto a las tinieblas, y que creo que te pueden servir como ejemplo de lo que tú puedes hacer también con las tinieblas que rodean tu vida.

1. Dios creó la luz.

Quizás tú y yo no tenemos el poder para crear luz, pero Dios te ha dado a ti de su poder y de su luz para que tú puedas hacer brillar hasta la tiniebla más oscura.

2. Dios separó la luz de las tinieblas.

¿Qué significa esto? Dios no dejó ambas cosas mezcladas, no las unió. ¿Recuerdas cuando mencioné los excesos? A veces las personas piensan en una modalidad de mezcla. Si hay una cosa mala en su vida piensan que todo es malo.

Pero mira lo que Dios hizo. Hizo una separación entre la luz y la oscuridad. Dios pudo discernir que en medio de todas esas tinieblas había luz, y la separó. No se dejó llevar por la oscuridad, sino que la separó de la luz.

Si lo único que tú ves en tu vida es oscuridad y tinieblas, nunca vas a poder ver la luz que tienes a tu alrededor. Tienes que aprender a separar una de la otra y decir: "Sí, es verdad que hay tinieblas, es verdad que estoy atravesando un momento difícil, pero mira toda esta luz que hay a mi alrededor. Mira todo esto bueno que tengo a mi favor." ¡Y lo separas!

Haz una distinción en todas las cosas que hay a tu alrededor y deja de pensar que todo está mal. Es cierto que puede haber problemas, es cierto que puede haber dolor. Pero aún en el dolor puede haber gozo, aún en el dolor puede haber paz. Aún en las tinieblas hay luz.

3. Dios le puso nombre a la luz y le puso nombre a la oscuridad.

Llamó las cosas por su nombre, y lo pronunció. Yo tomo esto como confesión. A veces le tendencia es a solo nombrar lo malo, a solo nombrar lo que no está saliendo bien, y se deja de lado lo positivo. Si vas a nombrar una de las cosas, nombra las dos.

¿Cuándo fue la última vez que nombraste las cosas buenas que tienes en tu vida? ¿Cuándo fue la última vez que hiciste un recuento de las bendiciones que Dios ha derramado sobre ti? Ponerles nombre es identificarlas, es confesarlas. Es tenerlas cerca de ti.

4. Le puso fin a la oscuridad.

Una de las cosas que más me sorprendió de este versículo cuando lo leí bajo esta aplicación, es que Dios llamó a la luz día, y a las tinieblas noche, y me impresiona lo que dice la última parte del versículo 5:

*Y llamó Dios a la luz Día, y a las tinieblas llamó Noche.*
*Y fue la tarde y la mañana un día.*

¿Qué fue lo que pasó cuando Dios les puso nombre a ambas cosas? Delimitó el día. Quiero que entiendas esta gran verdad:

Un día no dura para siempre, así como la noche no dura para siempre. Todo día se acaba y toda noche tiene su final. Llega un momento en tu vida en el que tú misma tienes que ponerle un fin a la tristeza y a la amargura. No puedes permitir que las tinieblas se expandan sin límites en tu cielo.

Tienes que hacer una separación de todas las cosas, identificar lo bueno, así como lo malo, llamar las cosas por su nombre y nombrar todo lo bueno que te está pasando también. Comenzar a ver todas las bendiciones que tienes, que están a tu alrededor y que son derramadas día con día sobre ti. Y, por último, ponerle un alto a la noche, ponerle un alto a la oscuridad.

De hecho, hay un versículo en la Biblia, en el Salmo 30:5 que lo dice de una manera maravillosa:

> *Por la noche durará el lloro, y a la mañana vendrá la alegría.*

Toda noche debe ceder su lugar a la mañana, y toda oscuridad debe dar lugar a la luz. De la misma manera toda lágrima debe ceder ante la alegría, y toda tristeza debe dar lugar a la celebración.

No importa qué puedas estar atravesando en tu vida, siempre hay un rayo de luz que está brillando para ti. Dios creó la luz, y la luz no tiene final. Las nubes, las tinieblas y la oscuridad son pasajeras, pero la luz brillará por siempre sobre el cielo de tu vida.

Cuando viajas en avión tienes la posibilidad de experimentar un espectáculo de la naturaleza que en tierra firme no se ve. En varias veces ocasiones me ha tocado despegar en medio de una tormenta, o en un cielo cubierto por nubes.

Cuando lo miras desde abajo crees que esa tormenta es eterna y que quizás se extiende por todo el cielo, pero una vez que el avión despega de la tierra y comienza a elevarse, llega el momento en que se está a la altura de las nubes y las atraviesa.

Y de repente ves algo que te deja sin palabras: por encima de esa tormenta, más arriba de las nubes, el cielo está despejado y el Sol está brillando en todo su esplendor. Pero el avión tuvo que elevarse por encima de las nubes para que pudieras ver todo el panorama.

Hay momentos en que tú te tienes que levantar por encima de tus circunstancias. No te dejes arrastrar por la tristeza y el dolor. No permitas que los problemas y las adversidades que enfrentas en tu día a día opaquen tu cielo. Por encima de esas nubes, más allá de esa tormenta hay un Sol que sigue brillando y que nunca ha dejado de dar luz. Y tú puedes traer esos rayos de luz a la situación más oscura, y más tenebrosa que puedas estar viviendo, y puedes celebrar ese Sol que nunca dejó de brillar, y todas esas bendiciones que nunca dejaron de estar en tu vida.

2

# CARTA A LAS QUEBRANTADAS DE CORAZÓN

## DOLOR, TRISTEZA Y AMARGURA

No podemos negar que hay circunstancias que llegan a la vida que traen una carga emocional elevada. La vida no es fácil, y quien te venda la imagen de una vida sin complicaciones posiblemente te esté mintiendo.

Todas atravesamos momentos complicados, y aún de los momentos complicados, hay unos más complicados que otros. Y posiblemente hay personas que estén leyendo este libro y tú estás pasando por un momento de dificultad. Es más, no dudo que posiblemente haya personas que vieron el título de este libro y de una vez se descartaron como candidata para leerlo.

Quizás tú hayas dicho: "¿Cómo puedo yo celebrar con todo lo que me está pasando?". Pues quiero que sepas una cosa: este libro lo escribí justamente para ti. Estas páginas son directamente para aquellas mujeres que piensan que no tienen motivos para celebrar. Aquellas mujeres que tal vez están pasando por un divorcio, o que se han enterado de la infidelidad de una pareja, o han sufrido la pérdida de un hijo, una hija, un padre, una madre.

Dolor es dolor, y aunque hay diferentes intensidades y formas de dolor, no hay comparaciones de dolor entre personas. No podría decir que mi dolor es mayor que el tuyo, así como tú no podrías decir que tu dolor es mayor que el de alguien que conozcas.

Todos los dolores son distintos, y al mismo tiempo son iguales. Son distintos en cuanto a que cada uno lo podrá sentir de una manera diferente. Pero son iguales en tanto todas sentimos dolor.

Al invitarte a celebrar, mi intención no es invisibilizar tu dolor. Esa no es una posible solución. De hecho, creo que invisibilizar el dolor lo único que podría lograr es que tu conflicto interno se extienda por más tiempo y hasta puede llegar a incrementar.

No pretendo que desplaces tu tristeza y hagas como si no te sintieras mal por dentro. Tampoco vengo a señalar la amargura y decirte que tienes que ser libre de ella ahora mismo.

La verdad es que hay personas que pasan por momentos altamente complicados y con decir cosas como: "Ya no estés triste", o, "Tranquila, no pasa nada", no vas a lograr que esos sentimientos desaparezcan.

No van a desaparecer porque hay una razón de por qué están ahí. Todos los sentimientos tienen una razón de ser. La alegría, por ejemplo, existe a causa de momentos de un bienestar eufórico en una persona. La tristeza es producto de una experiencia desalentadora en la que la persona siente que está perdiendo algo. Por su lado el miedo aparece cuando una persona se enfrenta a una situación que considera riesgosa. Toda emoción existe por algo, y no hay emociones buenas ni emociones malas. Todas las emociones pueden ser buenas, así como todas las emociones pueden ser malas, dependiendo de la intensidad, causa y tiempo en que se experimenten.

En varias ocasiones he utilizado como ejemplo la felicidad. Le pregunto a las personas si piensan que la felicidad es una emoción buena o una emoción mala. En la mayoría de las ocasiones la respuesta es la misma: es una emoción buena. Pero esto no es cierto. La felicidad puede ser buena, así como puede ser mala también.

Si yo sé que se acerca la fecha de pago y me alegro por eso, se podría considerar una emoción buena. Pero si estoy tan alegre porque ya viene mi pago y el día en que me llega el dinero voy al centro comercial y gasto una tercera parte de mi pago en cosas que no son indispensables, ¿se podría seguir considerando esa felicidad como positiva? ¡Claro que no!

Las emociones pueden ser buenas o malas dependiendo del uso que tú les des, así como de la manera en que las experimentes y la forma y el tiempo en que las sientas.

No es lo mismo estar enojada 3 horas que estar enojada 3 días. No es lo mismo estar enojada porque alguien te ofendió a que estés enojada porque perdiste tu celular.

Las emociones son vitales en la vida del ser humano y cumplen una función de gran importancia. Las emociones son la manera en que tu cuerpo reacciona ante las diferentes experiencias que ocurren en tu vida diaria. Tú sientes emociones porque estás viva. Y yo no vengo a quitarte eso. Yo no vengo a quitar de tu vida la tristeza, ni el dolor ni la amargura.

Pero sí vengo a ayudarte a entender que hay diferentes maneras de sentir las emociones, y diferentes momentos en los cuales las puedes sentir.

Siempre he dicho que a las emociones hay que darles un lugar, pero no todo el lugar. Y una de las cosas que quiero que tú puedas entender hoy es que cada emoción que tú tienes tiene un lugar importante.

Hay un lugar en la vida para el dolor, hay un lugar para la tristeza, y hay un lugar para la amargura, pero no todo lugar es para ellas tampoco.

En este capítulo quiero hablarte a ti que estás dolida, a ti que pasas tus días llorando. A ti que ves que tu familia quizás se ha caído a pedazos y sientes que no tiene reparación. Quiero hablarles a todas las mujeres que traen un dolor profundo en el alma que no encuentran consuelo. Quiero que sepas que este libro entero, no solo este capítulo, es para ti. Te invito a que te apropies de cada una de las palabras y frases que vas a leer. Y lo primero que quiero que sepas es que hay consuelo para ti. Hay una luz al final de ese túnel que a veces parece interminable. Y hay una luz que te va a alcanzar y acompañar todos los días de tu vida; haya cielo despejado o densas nubes.

En estas próximas páginas te quiero enseñar que aún en medio de la prueba más oscura, tú tienes razones suficientes para celebrar. Y vas a ver cómo, en los momentos de tristeza y dolor tú puedes celebrar a tal punto que tu celebración cambia la atmósfera de tu vida y de tu entorno.

## UN TIEMPO DE LLORAR

Una de las emociones más tergiversadas es la tristeza. Y una de las expresiones más temidas es el llanto. Mucha gente tiene sus reservas con la tristeza, y es entendible, estar triste no es agradable. Pero la tristeza también es parte de la vida, y la tristeza a veces puede ser una manera muy importante para conocerte a ti misma.

Hay muchos estigmas a asociados a estar triste. Muchos creen que la tristeza es señal de debilidad, que llorar es para personas inestables emocionalmente. Sin embargo, la tristeza es inevitable, y, pese a lo que algunas personas puedan creer, experimentar tristeza es más bien saludable.

Hay momentos en los cuales la emoción esperada es tristeza. Son momentos donde solo la persona que está sintiendo puede entender la razón de cada lágrima derramada. Lo que quiero decir es que posiblemente nadie entienda tu tristeza, pero eso está bien. Lo importante es que tú sí la entiendas.

Es bien conocido el pasaje en la Biblia del libro de Eclesiastés 3 que dice que todo tiene su tiempo. Entre las cosas que tienen su tiempo el predicador especifica que hay un tiempo para reír y hay un tiempo para llorar.

Es posible que haya personas que están leyendo estas páginas y tú estás en un tiempo de tu vida donde las lágrimas te afloran sin ningún esfuerzo. Tal vez tú estés en un tiempo que es para llorar. Lo primero que quiero decirte es que está bien llorar. Llora todo lo que puedas, llora todo lo que quieras. Es tu momento para eso. Pero debes saber que después de ese tiempo para llorar vendrá nuevamente un tiempo para reír. Y es posible que aún en medio de una lágrima y otra aprendas a soltar una risa también.

Hay otras personas que quizás estén leyendo este libro y tú estás en un momento que debería ser para llorar y estar triste, sin embargo, no te has dado la oportunidad para hacerlo porque te da miedo de aflorar sentimientos que luego no puedas controlar, o sientes que llorar no es para ti. He visto mujeres hacerse las "fuertes" para no llorar en momentos donde podrían estar liberando su dolor.

Quisiera decirte que las fuertes también lloran, pero esa no sería la expresión correcta. La expresión correcta sería: las fuertes lloran. Llorar es ser fuerte. Llorar es reconocer tu necesidad de expresar un sentimiento y darte esa oportunidad. Te mereces esa oportunidad. Así como mereces ser feliz, también mereces llorar. Es igual de importante, es igual de liberador, igual de sanador.

Quiero repetir eso que acabo de escribir: Llorar es sanador. Así como reír ayuda a sanar, llorar también.

## TUS LÁGRIMAS SON SEMILLAS

Siempre he tenido la creencia de que ninguna lágrima es en vano. ¿Recuerdas cuando un niño llora por algo que tú crees que es insignificante? Supongamos que al niño se le cae su juguete y se le quiebra. El niño llora por su juguete que ya no puede usar. Tú sabes que ese juguete no vale más que un par de pesos, pero ese niño no sabe de dinero, solo sabe que ya no tiene su juguete. Y para ese niño ese juguete puede valer el mundo. Y llora.

¿Quién le hace entender a ese niño que el juguete no cuesta nada? ¿Son inadecuadas sus lágrimas? ¿Es sin sentido su tristeza?

Me pongo a pensar en qué diferente sería el mundo si aprendiéramos a escuchar cada lágrima del que llora, y mucho más importante, si aprendiéramos a escuchar cada lágrima nuestra.

En 1 Samuel 1 vemos que Ana lloraba amargamente, y nadie a su alrededor entendía sus lágrimas, ni siquiera su propio esposo. Su líder espiritual pensó que estaba ebria.

Pero dice el versículo 20: *"Y Jehová se acordó de ella"*.

Sus lágrimas no fueron en vano. De igual manera quiero que entiendas que ninguna lágrima que tú hayas derramado ha sido en vano. Especialmente aquellas lágrimas que derramaste delante de Dios, así como Ana.

Pero hay un versículo en el Salmo 126:5 que lo expresa de la mejor manera posible. Dice:

*"Los que sembraron con lágrimas, con regocijo segarán."*

¿Sabes cuánto vale una lágrima? Cada lágrima tuya vale el precio de una cosecha, es incalculable. Cada lágrima tuya es una semilla de un anhelo que llevas en tu corazón. Es una semilla de un sueño, de un anhelo por tus hijos, por tu matrimonio, por tu carrera. No desprecies el valor de tus lágrimas.

Por eso cuando te presentes delante del Señor, si sientes llorar, llora. Es un buen momento para derramar lágrimas. Y ten presente que, aunque la gente cercana a ti quizás no logre entender tus lágrimas, Dios sí las entiende, las escucha, y las responde.

## 3 INDISPENSABLES: EXPECTATIVA, FE Y EMOCIÓN

*Y esta es la confianza que tenemos en él, que, si pedimos*
*alguna cosa conforme a su voluntad, él nos oye.*

(1 Juan 5:14)

Esto es lo que creemos, es lo que dice su Palabra. Cada vez que tú estás delante del Señor en oración y clamas a Él, Él te escucha.

Es por eso por lo que aún en medio de la tristeza y el dolor tu actitud debe ser una de creer y saber que Dios te está escuchando. Yo creo que hay 3 cualidades que tú debes tener en tu vida, que te permitirán aprender a celebrar aún en medio del dolor. Estas son la expectativa, la fe y la emoción. Son cualidades que debes vivir en cada parte de tu ser. Quiero explicarte cómo.

## EXPECTATIVA

La expectativa tiene que ver con la anticipación de algo. Esta se vive en tu mente. Es importante que tú adaptes cada uno de tus pensamientos a pensamientos que sean de expectativa.

Cuando estés pasando un momento de dificultad o estés viviendo una temporada de tristeza, procura cuidar tus pensamientos. Quita de tu mente aquellos pensamientos fatalistas, negativos y destructores de que todo está mal, que las cosas no van a cambiar y que todo terminó aquí. Busca reemplazar cada uno de esos pensamientos por pensamientos de expectativa, de esperanza, de anticipación de tiempos mejores que vendrán.

Tu mente es muy poderosa, y la manera en que tú piensas puede determinar el rumbo de las decisiones que tomes a futuro, teniendo un impacto por supuesto en el resultado que pueda venir.

Ten expectativa de que Dios escuchará tu clamor, y que las cosas cambiarán favorablemente. Y aún si hubiera un resultado distinto al que tú querías, Dios sigue siendo Dios y sigue estando en el trono. Todo está bien y estará bien pase lo que pase.

## FE

La fe es esa certeza, esa convicción que solo se puede llevar en tu espíritu. Es una convicción que va más allá de los pensamientos. Aun cuando intentas reemplazar pensamientos negativos, hay veces en que se torna en una tarea difícil. Una de las cosas que yo enseño es que los pensamientos no necesariamente los puedes bloquear.

No es un asunto de que te levantas hoy y dices "Ya no voy a tener más estos pensamientos" y PUM, se fueron. Ojalá fuera así de fácil, pero no siempre lo es. A veces cambiar los pensamientos lleva su tiempo y trabajo arduo.

Pero la fe es una convicción que llevas en tu espíritu de que aun cuando tu mente y tus pensamientos te están diciendo algo, tú sabes dentro de ti que todo va a estar bien y tú vas a estar bien.

La fe cree aun cuando la mente duda. Y eso la convierte en una de las herramientas más poderosas que puedas tener en tu vida.

## EMOCIÓN

La emoción, por su parte, se lleva en el cuerpo. Hay momentos en tu vida donde tú tienes que activar tu cuerpo. Tienes que despertarte de la duermevela y sacudirte la pereza de encima.

La tristeza, cuando se extiende en el tiempo tiende a producir un letargo en tu cuerpo. Una tristeza prolongada te deshabilita, te baja las revoluciones, y vas perdiendo el impulso de actuar.

En los momentos de dificultad no debes perder tu emoción. No permitas que tu cuerpo caiga en una somnolencia de la cual te puede costar salir.

Es hora de reactivar tu cuerpo y comenzar a sentir nuevamente esa alegría, esa emoción, como los niños cuando se les dice que el fin de semana van a ir de paseo. ¿Has visto como sus cuerpecitos casi hasta tiemblan de la emoción? Comienzan a dar saltos de alegría y a mover sus manos. ¿Cuándo fue la última vez que tú sentiste emoción por algo de esa manera? Tal vez ahora sea un buen momento para que te permitas sentirla.

Cuando tienes expectativa en tu mente, y fe en tu espíritu, de seguro que la emoción en tu cuerpo vendrá más fácil de lo que te imaginas. Pero tienes que permitirte sentir.

## CELEBRA EL CAMINO

Las personas piensan a veces que lo que se celebra es la victoria, pero eso no es cierto. ¿Has ido alguna vez a un estadio? No es que yo sea la más fanática del béisbol o fútbol, pero sí te puedo decir lo que veo por televisión: ir al estadio es toda una fiesta.

La gente paga miles de dólares por ir a una copa del mundo, y a veces ni siquiera el equipo de su nación está jugando. Pero no es la victoria la que se celebra, es el juego. Es la oportunidad de competir. Por supuesto que ganar es divertido y es mucho mejor que perder, pero más importante que ganar o perder es jugar.

Sucede igual cuando una familia sale de vacaciones. ¿Cuándo comienza realmente el paseo? ¿Empieza cuando se llega al destino solamente? ¡No! El paseo empieza desde que se comienza a hacer los preparativos para el viaje. Una de las cosas que yo más disfruto con mi familia cuando vamos a tomarnos unas vacaciones es poder planear con mi esposo y mis hijas a dónde vamos y qué cosas queremos hacer. Es una sensación de alegría que se siente en el cuerpo que no se puede describir. Pero nota que eso aún no es el viaje, pero se puede disfrutar igual.

Hay personas que salen de viaje y apenas se suben al auto o al avión se duermen inmediatamente. Yo, por mi lado, a mí me gusta ir despierta y experimentar cada parte del camino. Me gusta la ida al aeropuerto, la espera en la sala de abordaje, el proceso de subir al avión. Hasta cuando el avión se atrasa lo he llegado a disfrutar. Y para ese momento aún no hemos llegado a nuestro destino, pero yo lo disfruto igual.

Lo que te quiero decir es que tú no necesitas tener todo ya en tus manos, no necesitas tener todas las cosas resueltas y en perfecto orden para comenzar a celebrar. Desde ya, ahora mismo, mientras estás leyendo este libro, puedes comenzar a celebrar lo que viene por delante.

Aún antes de dar el primer paso, celebra que puedes correr la carrera. Antes de ese viaje que sueñas con hacer, celebra que puedes soñar. Aún antes de casarte y conocer tu esposo, celebra que tienes personas en tu vida que te aman, y que están contigo.

Quiero decirte algo más profundo todavía. Si estás en un tiempo de lágrimas y de tristeza, celebra que puedes sentir. Recuerda que sentir es estar viva, y la vida es una de las cosas más grandes y hermosas que debes celebrar. Celebra tu sanidad aún si estás enferma. Celebra tu abundancia aún si no tienes suficiente para comer. Celebra que puedes esperar, que puedes creer, que puedes sentir.

## EL LLANTO SIEMPRE ANTECEDE A LA CELEBRACIÓN

El llanto no excluye a la celebración, así como la tristeza no excluye a la alegría. Tú podrías estar en el momento más oscuro de tu vida y aun así ver un rayo de esperanza.

Como vimos al inicio de este capítulo, hay momentos que son para llorar y donde es bueno llorar. Pero no olvides nunca que la tristeza no es para siempre. Las lágrimas se secan, no son eternas. Tu tristeza algún día se convertirá en alegría.

El llanto siempre viene antes de la celebración, y lo que hoy fueron lágrimas mañana serán carcajadas.

Si estás en una temporada de llanto aprovecha este tiempo. Descarga toda tu tristeza y suelta todo ese dolor. Pero ten presente que eso no durará para siempre.

Aún en ese intermedio, en ese interín de tu proceso, cuando aún no tienes en tus manos lo que estás esperando, puedes sonreír y saber que vendrán tiempos mejores.

Las buenas noticias que tengo para ti, querida amiga quebrantada de corazón, es que Dios ha prometido curar todas tus heridas, ha prometido cambiar ese llanto en alegría. Y Dios no miente.

Jesús vino para que tú tengas vida y una vida rebosante. No vino simplemente para que tengas acceso al cielo. Ese es el mayor regalo que tú y yo podemos tener. Pero Jesús fue más allá de lo esperado y no solamente te da una vida eterna, sino que te promete que estando acá, sobre esta tierra, donde a veces hay tristeza y dolor, tú puedes tener alegría y un gozo que no se compara con nada.

Las buenas noticias que tengo para ti es que tú tienes mucho que celebrar, y no tienes que esperar a tenerlo todo para celebrarlo, puedes comenzar ahora mismo. Continuemos en este recorrido literario para seguir celebrando juntas lo que viene para tu vida a partir de hoy.

# 3

# UNA CONSCIENCIA DE CELEBRACIÓN

### UNA VIDA QUE CELEBRA

Estaba un día un pescador sentado debajo de un árbol, junto a la playa, mirando el paisaje con un refresco en su mano. De pronto pasa un empresario adinerado y lo increpa de por qué está sentado bajo la sombra sin hacer nada. A esto el pescador le responde, señalando hacia su nevera con peces adentro, que ya trabajó suficiente y había sacado más de la cantidad de peces para un día.

Al oír esto el empresario se molesta más y le dice: "Pero si te está yendo tan bien, ¿por qué te detuviste? Estás aquí desperdiciando tu tiempo cuando podrías tener más peces en tu nevera".

"¿Qué hago con atrapar más peces?", le respondió el pescador.

"Pues tendrías más para vender y podrías generar más dinero y tener un barco más grande", dijo el empresario.

El pescador le lanza otra pregunta: "Y, ¿qué hago yo con eso?".

"Puedes ir a aguas más profundas y contratar a más personas para que trabajen para ti y tendrías aún mucho más dinero", le contesta el empresario aún más enardecido que antes.

"Y, ¿qué hago yo con eso?", le pregunta nuevamente el pescador a su airado interlocutor.

"Pues, es obvio, te convertirías en un empresario adinerado como yo", le responde el empresario inflando su pecho de orgullo.

El pescador se queda un momento en silencio y le vuelve a hacer la misma pregunta que antes: "Y, ¿qué hago yo con eso?". "Pues podrías disfrutar de la vida con total tranquilidad", le contesta finalmente el adinerado empresario.

El pescador por fin mira el paisaje que tiene frente a él, vuelve a mirar al empresario y le dice: "¿No es eso lo que estoy haciendo en este momento?".

Hay tantas cosas que puedes celebrar ya mismo, en este instante, que no tienes que esperar a tener algo más para sentirte feliz. Una de las cosas que me doy cuenta, y lo veo todos los días, es que muchas personas que esperan para ser felices, pudieron ser felices ya. La publicidad y el mundo consumista en que vivimos nos vende la idea de que tú necesitas tener algo más para estar feliz. Lo curioso de esto es que cuando tú compras eso que pensabas que necesitabas te das cuenta de que no te hizo tan feliz como pensabas, y comienzas a buscar qué otra cosa puede hacerte feliz.

El asunto con esto es que si no tienes cuidado puedes pasar toda tu vida esperando tener algo más para ser feliz, y no te percatas de que todo lo que tú necesitas para realmente ser feliz ya lo tienes.

No te miento que comprar algo nuevo se siente bien y brinda cierta sensación de agrado y placer, eso nadie lo puede negar. Pero tú no necesitas nada más que lo que ya tienes para celebrar.

Tú puedes postergar tu celebración para más tarde bajo el pretexto de que estarás más feliz cuando tengas tal cosa, o cuando seas tal cosa, pero más tarde te darás cuenta de que de siempre te va a hacer falta algo que quieres.

Lo importante no es que tú celebres cuando tengas, sino que celebres lo que tienes ahora. No se trata de que tú celebres cuando seas, sino que celebres lo que seas ahora. Hay tantas cosas que ilusoriamente corremos para el futuro que perdemos el presente por estar esperando lo que no es.

Cuando pienso en la posibilidad y la importancia de celebrar, no puedo evitar que me venga a la mente lo que yo llamo "la ilusión del perfume". No sé si te ha pasado a ti, o si lo has visto en alguna persona conocida, pero hay gente que compra un perfume y no lo usan para que no se les gaste. Lo más curioso acerca de eso es que el perfume que tú no usas, o se va deteriorando con el tiempo, o se va evaporando de a pocos.

Hay personas que no se permiten celebrar y ser felices hasta que cumplan con ciertas condiciones que se crean en su mente, y se cohíben de celebrar lo que tienen las condiciones que tienen en el momento. Lo terrible de esto es que hay cosas que cambian con el tiempo, o que dejan de ser, y si tú no las disfrutaste en su momento, te habrás quedado sin celebración y sin eso que tenías.

Hay una planta que yo tengo en mi jardín que cautiva y me provoca misterio al mismo tiempo. A la planta le dicen la Dama de la Noche. Es el nombre con el cual es conocida. Es una planta hermosa. Tiene sus hojas verdes y tallos gruesos. Pero lo que hace más misteriosa a esta planta es que florece solo una noche al año. Ya te imaginarás cómo me pongo yo cuando se acerca esa noche en que está a punto de florecer.

Esta vez pasada que floreció prácticamente no dejé dormir al Pastor Otoniel hasta que lográramos ver ese botón abrirse en todo su esplendor y belleza. ¡Yo la amo! Pero sabes, yo no la celebro solo esa noche en que florece. Yo la celebro todos los demás días del año en que la planta está ahí sin botones, o con los botones cerrados. La celebro porque está ahí, en mi colección de plantas. La celebro porque es hermosa. Si yo la disfrutara solo una noche al año me perdería de todas las demás noches y días en que aporta a mi jardín y lo embellece.

Justamente pensaba en esto el otro día, y fue una de las cosas que me inspiró a escribir esta porción de este capítulo.

Tú no tienes que esperar a que tu vida esté llena de flores y frutos para celebrar quién eres y lo que tienes. Puedes celebrar los botones, puedes celebrar las hojas, y puedes celebrar las raíces.

Tú puedes celebrar cada área de tu vida aún si no es la mejor, puedes celebrar cada época de tu vida aún si no es la mejor. Lo que quiero que entiendas es que no tienes un solo motivo para no celebrar lo que tienes y quién eres ahora.

## UN DIOS QUE CELEBRA

La gente me comenta muchas veces cuando me ven: "Pastora, tú parecieras estar feliz todo el tiempo". Si me sigues por redes sociales me verás muchas veces, casi siempre muy alegre, sonriendo y disfrutando cada cosa que hago. Eso no quiere decir que no pase por momentos difíciles. ¡Claro que los tengo!

Pero aún en los momentos de dificultad o momentos que ponen a prueba mi fe y mi fortaleza, trato de sacar provecho a todo y de no dejar que mi fe y mi alegría se disipen. Pero quiero confesarte algo: esta no es una característica que se me ocurrió a mí meramente. Leyendo la Biblia y estudiando acerca de Dios, una de las cosas que más me ha llamado la atención es que a Dios también le gustan las celebraciones.

Dios, a lo largo de su Palabra, nos muestra una faceta de Él que quizás mucha gente no la logra ver de primera entrada. ¡Dios todo lo celebra! Y todo lo ha celebrado desde el principio de los tiempos.

El Dios que vemos en los primeros capítulos de la toda la Biblia es un Dios que lleva a cabo una obra creativa inmensa, y la hace por etapas. Dios pudo haber hecho toda la creación del Universo en un solo día y le hubiera quedado muy bien, pero decidió hacerlo por partes, en días diferentes.

Pero siempre me ha llamado la atención, si lo lees con cuidado, que cada día, cuando Dios había terminado de hacer su obra para ese día, se quedaba viendo lo que había hecho ese día, y viene la tremenda frase que me fascina en ese relato bíblico "Y vio Dios que era bueno". Yo me imagino a Dios después de un día de intenso trabajo. Se baja las mangas después de haber ejecutado su obra, y comienza a contemplar su creación, y piensa en ella, y la disfruta, la celebra.

Desde el día 1 Dios hace esto. Pero quiero que veas algo: cuando Dios termina su obra en el día 1, todavía quedaban 5 días más de trabajo. Apenas había comenzado a crear. Le faltaba mucho todavía, pero Dios celebró lo que había hecho ese primer día. Llega el segundo día, trabaja, crea, ejecuta, y al finalizar el día se vuelve a desenrollar las mangas y procede a contemplar su creación del día. Piensa en ella, la disfruta, la celebra. Todavía le quedaban 4 días más de trabajo. Llevaba aún menos de la mitad por hacer, pero disfrutó lo que había hecho ese día.

Lo que esto me enseña acerca de Dios es que Dios celebra todos los días lo que hace. ¡Todos los días! No ha terminado por completo su obra creadora, pero se toma el tiempo todos los días para disfrutar y celebrar lo que hizo. ¡Y Dios sigue haciendo cosa nueva hoy en tu vida!

En Isaías 43:19 Dios dice:

*He aquí que yo hago cosa nueva; pronto saldrá a luz; ¿no la conoceréis? Otra vez abriré camino en el desierto, y ríos en la soledad.*

Me parece tan hermoso como Dios dice: "*Otra vez abriré camino en el desierto*". Esto quiere decir que no lo va a hacer una sola vez, lo hará otra vez, y lo seguirá haciendo. A veces nos impacientamos porque queremos que el milagro esté completo ya. Queremos que eso que llevamos en nuestro corazón se cumpla ya, y dejamos de ver y disfrutar los pasos por los cuales Dios nos está llevando en el proceso de ese milagro, o en el proceso de ese sueño. Pero si tú comienzas a celebrar el día a día, ese "*otra vez*" de Dios, que ayer hizo algo nuevo, hoy otra vez hizo algo nuevo, y mañana otra vez hará algo nuevo, entonces comenzarás a disfrutar el proceso de lo que Dios está haciendo, así como el todo de lo que está haciendo. Ese "*otra vez*" de Dios es muy poderoso, y es probable que no te estés siquiera dando la posibilidad de lo que Dios "*otra vez*" está haciendo, por querer que esté totalmente hecho ya.

Yo me imagino a Dios trabajando contigo el día de ayer. Y cuando tú te fuiste a dormir anoche, Dios se acerca a tu cama, te mira, suspira y piensa: lo que hice hoy es bueno. Me imagino a Dios diciéndole a los ángeles: "¡Vengan a ver lo que hice hoy! ¿No es hermosa, no es maravillosa? Ella es creación mía, es obra mía." Y hoy por la noche, cuando te acuestas, Dios se acerca a ti y celebra todo lo que hizo hoy en tu vida. Dios no necesita que tú seas perfecta para celebrarte, a Él le basta su gracia y lo que hace en ti hoy. La pregunta que te quiero hacer es: Si Dios te celebra a ti todos los días, ¿estás tú celebrando también lo que Dios hace en ti todos los días?

Pero esa es solo una faceta de Dios celebrando. Pero si miras la historia de Israel, el pueblo de Dios, te darás cuenta de que Dios instaura varias fiestas a lo largo del año. Quizás la religión ha hecho que parezcan solo rituales o ceremonias, pero en realidad eran celebraciones. Eran momentos específicos donde el pueblo de Dios debía separar esas fechas para celebrar una fiesta.

Encontramos en la Biblia la Fiesta de los Tabernáculos, la Fiesta de los Panes sin Levadura, la Fiesta de la Cosecha o el Pentecostés (que hoy conocemos como Pentecostés), la Fiesta de los Primeros Frutos, la Fiesta de la Expiación, y más. Todas eran celebraciones para las cuales el pueblo de Dios debía prepararse, guardar la fecha y participar de la celebración.

Cada una de esas celebraciones tenía que ver con el trato de Dios con su pueblo. Yo aprendí a celebrar cada área, cada momento de mi vida porque entendí que Dios celebra su trato conmigo. Dios celebra cada época, cada temporada de mi vida, las buenas, y las no tan buenas, y Dios hace lo mismo contigo. Dios celebra tus triunfos, pero también celebra tus fracasos. Celebra tus días buenos, y celebra tus días malos. Porque en cada uno de esos momentos, en cada uno de esos días, Él está trabajando en tu vida y en la mía, y cada día que Dios hace algo, lo cual es todos los días, Él lo celebra.

## LAS COSAS QUE REALMENTE IMPORTAN

La manera de Dios parece sencilla: trabajas, terminas, celebras. Mañana será otro día, mañana sigo trabajando. Sin embargo, me he dado cuenta de que muchas veces tendemos a complicar nuestras vidas. El ser humano quiere todo para ya, y lo quiere perfecto. Las personas hoy día no toleran las imperfecciones y no soportan las cosas incompletas.

Si no prestas atención a tu vida es fácil que te veas enrollada en un estilo de vida de mucho trabajo, mucho esfuerzo, y poca celebración. Quizás tú eres de las personas que sienten que necesitan las cosas rápidamente o con poca espera, y esto puede hacer que termines trabajando largas horas o largos períodos de tiempo donde te concentras en lo que estás haciendo y lo que quieres lograr, pero descuidas otras cosas que también son parte de tu vida, y que posiblemente son más importantes que aquello que quieres terminar.

Nunca se me olvida la vez que una pareja conocida nos contaba que estaban preparando unas vacaciones familiares para ellos y sus hijos. Pero esas vacaciones eran algo costosas y necesitaban reunir mucho dinero para lograr costearlas. En su intento, tuvieron que meter largas jornadas laborales para acumular horas extra de salario, y eso hacía que tuvieran que ausentarse de casa algunas noches y fines de semana.

Al pasar los meses nos comentaban que para otra ocasión no volverían a hacer lo mismo. Fue tanto el esfuerzo que hicieron que terminaron sacrificando su tiempo en familia durante meses por una semana y medio de vacaciones.

Me pongo a pensar que a veces puede ser tan fácil que nos desenfoquemos de lo que realmente es importante. Con esto no estoy diciendo que tomar vacaciones en familia no sea importante, claro que lo es, y bastante importante. Pero las vacaciones en familia no te deben costar más que tu familia. Es hermoso celebrar unas vacaciones familiares en una playa paradisíaca o en un lugar precioso, pero esas vacaciones no deberían sustituir lo que puedes celebrar con tu familia todos los días del año en casa. Y así con cada una de las áreas de tu vida.

No permitas que un evento grande, o una responsabilidad grande, un sueño grande, incluso, te distraiga de celebrar las cosas que son realmente importantes para ti: tu familia, tu salud, tus hijos, tus padres, tu matrimonio, tu relación con Dios, tu ministerio.

Lo más bonito de esta manera de vivir es que cuando encuentras deleite en celebrar lo que realmente es importante y merece prioridad, encuentras la manera también de celebrar todas las demás cosas. Uno de los grandes descubrimientos que vas a lograr hacer es darte cuenta de que tendrás el tiempo y la posibilidad de celebrar todo en tu vida.

## LOS SOMBREROS DE LA FIESTA Y LA FIESTA DE LOS SOMBREROS

Existe una analogía que se usa mucho en algunos sectores académicos entre las responsabilidades que tú adquieres en tu vida con los sombreros. Se dice que cada rol o papel que tú desempeñas en tu vida es como un sombrero, y que a lo largo de tu vida tú tienes varios sombreros que usas en momentos determinados.

Está, por ejemplo, el sombrero de hija que usas con respecto a tus padres. Podrías tener el sombrero de madre, si tienes hijos, así como el sombrero de esposa. Podrías tener el sombrero de empleada o de empresaria, el sombrero de servidora en la iglesia o algún ministerio. También es posible que tengas el sombrero de amiga, consejera, voluntaria, estudiante, etcétera. Puedes adquirir varios sombreros a lo largo de tu vida dependiendo de las funciones o responsabilidades que tengas en diferentes etapas.

Los sombreros podrían ser muchos, y las responsabilidades que conlleva cada uno de esos sombreros pueden llegar a ser bastante grandes y acaparadoras, y muchas veces, las personas se dejan llevar más por las responsabilidades que hay con ese sombrero, y dejan de vivir la experiencia de llevar ese sombrero.

Escribí anteriormente que la vida en sí es una fiesta que hay que celebrar. Pero a veces nos envolvemos tanto en los sombreros de la fiesta de la vida, que dejamos de vivir la fiesta de los sombreros que tenemos.

Te lo explico de otra manera: toda responsabilidad que tú tienes en tu vida implica deberes. Que tú seas madre, por ejemplo, significa que tienes deberes propios de tu posición de madre. Pero como madre no solo tienes deberes y responsabilidades, tienes derechos y deleites también. Y si no tienes cuidado, el tedio de tu responsabilidad puede hacer que te centres más en tus deberes al punto en que dejas de experimentar los deleites de ser madre.

Lo mismo puede ocurrir con tu sombrero de empresaria, por ejemplo. Dirigir una empresa es una gran responsabilidad, pero es un enorme placer también. Como empresaria debes cuidar detalles propios de administración, gerencia, recursos humanos, economía, publicidad, ventas. Son muchos los deberes que existen bajo el sombrero de empresaria, pero son muchos los placeres.

El día a día de tu sombrero, la carga de llevar ese sombrero, que a veces puede pesar más sobre tu cabeza de lo que te das cuenta, puede hacer que termines más enfocada en la responsabilidad del sombrero y te olvides de disfrutar el sombrero en sí.

¿Te ha pasado alguna vez que estás organizando una fiesta, ya sea de cumpleaños, o de aniversario, y de repente las tareas de planificación u organización se vuelven tan grandes y abrumadoras que terminas pensando más en tus obligaciones y deberes que en la celebración que vas a preparar?

En tu vida debes mantener un balance entre una cosa y otra. No puedes vivir de una manera en que te terminas desviviendo más por las responsabilidades de cada área de tu vida que dejas de disfrutar esa área. Ser esposa conlleva responsabilidades. Hay funciones, deberes y esfuerzos que yo debo realizar como esposa, pero es una experiencia maravillosa también, que disfruto todos los días de mi vida.

Hubo un momento en mi vida ministerial en el que yo tuve que entender que el trabajo no puede nunca superar la importancia de mantener mi relación con Dios. Cada vez que tengo la responsabilidad de predicar un mensaje, eso conlleva largas horas de estudio, planificación, y por supuesto, buscar la revelación de Dios para llevar la Palabra para cada audiencia, congregación o grupo de mujeres. Esa búsqueda no dará los resultados que anhelo, si mi relación con Dios no está donde debe estar. Por eso, antes de mis responsabilidades ministeriales, que son muchas, siempre estará mi tiempo de oración, que practico de madrugada desde mi juventud, la lectura y estudio de la Palabra.

No puedes estar inclinada a uno de los dos lados solamente, debes mantener un balance entre ambos. Debes aprender a dividirte entre tus responsabilidades y tus deleites.

Tú necesitas aprender a llevar el peso de cada uno de los sombreros de la fiesta que es la vida, pero debes también disfrutar de la fiesta que es tener esos sombreros. De esta manera no estarás descuidando ninguno de los dos extremos de los sombreros que llevas.

4

# CUÍDATE DE
# LOS AGUAFIESTAS

En la película, estrenada en el año 1991, *Father of the Bride*, Steve Martin interpreta el papel de George Newbern, el padre de dos hijos cuya primogénita llega a casa luego de un viaje con la noticia de que se va a casar. La noticia sorprende tremendamente a George y comienza todo un proceso de aceptación y rechazo hacia la decisión de su hija, que lo llevan a cometer toda clase de errores e imprudencias hasta quedar preso la noche antes de la boda de su hija.

Después de varios sucesos desagradables para él y para toda la familia, George llega a darse cuenta de que sus ideas y actitudes con respecto a la decisión de su hija estaban afectando negativamente lo que debía ser un momento de alegría y celebración para su hija. Un evento que representa júbilo y celebración se estaba convirtiendo en una piedra en el zapato

55

para todos a causa de como este padre estaba viviendo la independencia de su hija.

Aunque esta historia es ficción y producto de la imaginación de alguien, no deja de tener una cuota de realidad el hecho de que lo que debería ser una alegría y una fiesta para la vida de una persona, pueda convertirse en una experiencia desagradable y pasar casi de manera desapercibida como si nada hubiera ocurrido.

Hay cosas que pueden traerse abajo cualquier celebración que tengas en tu vida y es importante que puedas identificar estas cosas y tomar acción sobre ellas.

El personaje interpretado por Steve Martin fue un completo aguafiestas para la boda hasta que él logró darse cuenta del grave error que estaba cometiendo y comenzó a cambiar su actitud con respecto a lo que estaba sucediendo.

Un aguafiestas es cualquier persona que turbe cualquier diversión o regocijo, y sabes, ninguna fiesta está exenta de tenerlos. Es probable que haya cosas en tu vida que estén opacando aquellos eventos que deberían ser más bien un motivo suficiente para que estés saltando en un pie.

En este capítulo te quiero hablar de algunos aguafiestas que pueden arruinar tu posibilidad de celebrar todo lo bueno que tienes a tu favor. Si tú no tienes el cuidado necesario de trabajar estas situaciones en tu vida, es muy posible que hagan todo lo que esté a su alcance para traer abajo cualquier oportunidad de alegría que puedas tener.

Cuando hablo de trabajar con estas situaciones, en realidad a lo que me refiero es que, si tú estás enfrentando en ti alguna de ellas, debes confrontarlas y eliminarlas por completo. Antes de comenzar a enumerar cada una de ellas quiero dar un punto que considero que es importante aclarar: en la mayoría de los casos, si tienes uno de estos aguafiestas, es muy probable que no los tengas de manera voluntaria. No es que tú decides siempre no celebrar. A veces las experiencias pasadas de tu vida, incluso las presentes, pueden hacer que estés cargando algo fuerte a nivel emocional que te esté impidiendo ver lo bueno en tu vida. Pero, aun así, si tienes un aguafiestas, aunque no sea por decisión completa tuya, sí puedes tomar la decisión de trabajar en esas situaciones para quitarlas de encima de tus hombros y así poder disfrutar todos los motivos para celebrar que tienes.

## AGUAFIESTAS 1: LA DUDA

Creo que muchas veces subestimamos la duda, no le prestamos la atención que deberíamos prestarle. Y la verdad es irónico, porque muchas veces la duda controla una gran parte de la vida de las personas. Pero digo que la subestimamos porque muchas veces las personas se dejan guiar por la duda, pero muy poco se dan cuenta de las repercusiones que tiene la duda sobre sus vidas y el daño que muchas pueden provocar.

La duda puede venir en varias formas y sabores. Hay muchas cosas en la vida que te pueden generar duda, y hay muchas cosas de las que puedes dudar también, pero muy poco provecho es el que le puedes sacar a tu vida cuando te dejas dominar por la duda.

Hay personas que son muy decididas, mientras que hay personas que son indecisas. ¿Has visto que hay 2 tipos de personas que entran a las tiendas? Están las personas que ya saben lo que quieren y cuando entran se van directo a los pasillos dónde están esos artículos, los toman y se van. Mientras que hay otras personas que no tienen una idea definida de lo que quieren, sino que entran y comienzan a caminar por los pasillos viendo los diferentes artículos que hay, toman algunos, se van rumbo a la caja a pagar y de camino regresan una o dos de las cosas que metieron en su carrito previamente.

Yo sé que el ejemplo de comportamientos de compra quizás no sea tan profundo como para hablar de las consecuencias de la duda, pero el fondo es el mismo. Aun cuando se trata de aspectos más serios de la vida, hay personas que tienen más facilidad para tomar decisiones que otras. Y hay personas para las cuales tomar una decisión puede ser toda una ida y venida de cuestionamientos y tiempo.

El problema que existe con la duda es que sentimos que tenemos que eliminarla por completo de nuestras vidas para poder tomar una decisión, y la realidad es que la duda no siempre la vas a poder eliminar. Míralo de esta manera, la única forma realmente de eliminar la duda es con una certeza, ¿cierto? Ahora, ¿cuántas veces tienes realmente la certeza de un resultado antes de tomar una decisión? En realidad, muy pocas veces, por decir que casi nunca.

La duda casi siempre viene acompañada de su hermano, el miedo. Cuando no sabes el resultado de algo una de las reacciones que podrías tener es miedo. Si tú entraras a un cuarto totalmente oscuro sin nada de iluminación y que te es totalmente desconocido, ¿cuánto tiempo crees que pasaría para que comenzaras a sentir miedo? Miedo a lo que no sabes, a lo que no puedes controlar. Miedo a lo que te hace sentir vulnerable.

Llega el momento en tu vida en el que tienes que comenzar a tomar decisiones no con una certeza absoluta del resultado, sino más bien con una certeza absoluta de que cualquiera que sea el resultado, tú vas a salir adelante con la cabeza en alto. No podemos eliminar por completo la duda de nuestras vidas, así como no podemos tampoco eliminar las equivocaciones. A veces te vas a equivocar al tomar decisiones, pero la certeza vendrá cuando tú aún después de un error logras tomar control de tu vida y sigues adelante.

Esa certeza de la que te hablo es la fe. La fe no es una garantía de que todo va a ser color de rosa en tu vida. La fe no es un boleto directo a la victoria, aunque sí es un boleto a la victoria, solo que no siempre es una vía directa. A veces la fe te lleva por valles, te lleva por desiertos, pero no te suelta. Dice Hebreos 11:1 que esa fe *"es la certeza de lo que se espera, la convicción de lo que no se ve."* Más claro no puede estar: la fe te permite ver tu futuro cuando en tu presente estás viendo todo lo contrario. La duda te hace confiar más en tu presente que en tu seguridad futura.

Cuando dudas estás quitando de tu vida la posibilidad de celebrar tu victoria, porque estás dominada más por aquello que ves en tu presente, que en lo que Dios te ha prometido, y si no tienes cuidado, puedes terminar dudando de todo: de las personas que tienes a tu lado, de ti misma, de tu familia, de tus capacidades, de tus dones, de tus bendiciones, hasta de Dios.

## AGUAFIESTAS 2: LA TRISTEZA

El diccionario de la Real Academia Española define la tristeza como "un estado de ánimo que se caracteriza por un sentimiento de dolor o desilusión que incita al llanto."

La tristeza es una de las emociones más básicas del ser humano, y una de las más frecuentes. Hay situaciones en la vida que provocan tristeza. Hay eventos por los que pasamos que nos hacen doler por dentro. Y un dolor por dentro no se parece en nada a un dolor externo. Hay dolores internos que son desgarradores, en los cuales la persona literalmente siente que algo le está faltando en su interior.

Quizás deba explicarme un poco mejor. La tristeza se produce generalmente por una falta. Cuando tú sientes que has perdido algo que tenías anteriormente, o que hay algo que quisieras, pero no puedes tener, produce en ti una sensación de vacío, de que falta algo, ese vacío muchas veces se transforma en dolor.

¿Recuerdas la última vez que estuviste triste? ¿Cómo experimentaste esa tristeza en tu cuerpo? Cada persona la experimenta de maneras distintas. En algunas personas surge el llanto, en algunas personas la desilusión. Para algunas personas la tristeza se convierte en depresión, un estado más profundo de tristeza. A veces se comete el error de pensar que llorar es propio de la tristeza, y no es así. No todas las personas que están tristes lloran, así como no siempre el llanto es señal de tristeza. Pero si lo analizamos más detalladamente, hay una característica que siempre acompaña a la tristeza: el suspiro. ¿Lo puedes ver? Esa bocanada de aire que toma la persona en ese momento de tristeza o desilusión que es como tomar del aire lo que no está por dentro.

Lo que quiero que tú entiendas en este momento es que hay cosas en tu vida que van a faltar, y hay cosas o personas que vas a extrañar. Yo misma quisiera que nadie estuviera triste, mucho menos quisiera yo atravesar momentos de tristeza, pero hay situaciones que se salen de nuestro control. O, mejor dicho, hay situaciones que nunca estuvieron bajo nuestro control, y llegará el momento en que tengamos que lidiar con la falta de algo o de alguien, y, por lo tanto, tendremos que lidiar con la tristeza.

He escuchado personas que me dicen: "Pastora, yo siento que este dolor, este sufrimiento no termina, ¿cuánto se irá a acabar?". Y te quiero ser totalmente sincera, cuando escucho estas palabras generalmente yo misma me debo enfrentar a mi propia impotencia. Por supuesto yo quisiera decirle a esta persona: "Ya pronto, pronto va a acabar", pero de nuevo, eso no está en mis manos. Lo que sí está en mis manos es hacerle ver a la persona que todo tiene un comienzo, y todo tiene un fin, incluyendo la tristeza.

Es probable que tú estás leyendo estas palabras y tú misma te sientes agobiada por una situación sobre la cual no tuviste ningún control, simplemente sucedió, y de un momento a otro te encontraste ante una realidad muy distinta a la que habías imaginado o deseado para ti, y te domina la desilusión, te domina la tristeza. No te puedo asegurar cuándo se irá a acabar tu tristeza, pero sí te puedo asegurar que no será para siempre.

Tu tristeza tendrá un fin, quizás pronto, quizás en un tiempo, pero, por más extraño que te pueda sonar lo que te voy a decir, no debes permitir que tu tristeza te robe tu felicidad. Suena raro, ¿cierto? Debo confesar que aún mientras que estaba escribiendo esa última línea tuve la remota sensación de que algo no calzaba en la oración. Pero te quiero enseñar que sí es coherente lo que acabo de decir y te voy a explicar qué es lo que no calza realmente.

Generalmente decimos que lo contrario a la felicidad es la tristeza, pero la vida nos enseña que estas dos emociones no siempre son tan contrarias como pensarías, o al menos no son excluyentes una de la otra.

Lo que quiero decir es que la felicidad no excluye a la tristeza, así como la tristeza no excluye a la felicidad. Tú puedes sentir ambas al mismo tiempo. Hay momentos en que tú puedes estar triste y sentir felicidad. Y hay momentos en que tú puedes estar feliz y de repente sentirte triste por algo.

A veces, cuando voy a un servicio fúnebre, me pongo a ver a las personas y hay un detalle que siempre me ha llamado la atención. Las personas que asisten a un funeral están tristes. La muerte de un ser querido es un hecho lamentable y es una de esas situaciones que causan tristeza. Pero me ha sorprendido siempre ver en un funeral que las personas están tristes, con un profundo dolor, y aun así pueden sonreír y hasta soltar unas cuantas carcajadas al mismo tiempo. Al principio lo veía y lo sentía un poco irrespetuoso o de mal gusto, luego, conforme fui creciendo y analizando mejor la realidad, me doy cuenta de que es más bien una bendición impresionante que tenemos los seres humanos para aún en medio de nuestros momentos más tristes, tener la posibilidad de darnos pequeños momentos de alegría.

Tu tristeza no es eterna, y no puedes tomarla como la única emoción que vas a sentir siempre. Tu tristeza es aguafiestas a tu celebración en tanto tú permites que sea la única emoción que pueda estar presente en tu vida y excluyes a las demás, en especial la felicidad. No pretendo que vivas siempre en una eterna fiesta cuando vives momentos dolorosos para ti, o te enfrentas a las pérdidas de la vida. Lo que sí te quiero hacer ver es que tu mayor tristeza no tiene por qué opacar el sol que sigue brillando sobre ti. Aún en esos momentos en que sientes más fuerte el vacío, no lo has perdido todo, y aún puedes celebrar lo que sí tienes.

## AGUAFIESTAS 3: FALTA DE PERDÓN

Este es un gran aguafiestas, y difícil de eliminar para muchas personas. Hay algo que me impresiona grandemente:

la cantidad de personas que andan por la vida con rencor en su corazón. Me llama la atención que mucha gente dice: "Yo no tengo nada contra nadie", pero cuando miras sus actitudes y la manera es que se expresan de algunas personas, o en la manera en que evaden a algunas personas o conversaciones, es la prueba suficiente de que hay algo en su corazón que no anda bien.

Te quiero aclarar que yo no estoy aquí para juzgar a nadie, y mi comentario anterior no va en esa línea. Yo no conozco tu historia, no sé por lo que has pasado anteriormente, si te han lastimado, si te han hecho daño, y si lo has superado o no, lo que estoy diciendo es que en el ir y venir de la vida me he encontrado con muchas personas que llevan rencor en su corazón hacia alguien que en algún momento sienten que les hizo un mal.

La realidad es que si tú eres como la persona promedio, que vive en comunidad con otras personas, lo más seguro es que en algún momento tú te has sentido dañada o lastimada por otra persona. Y una de las cosas que debes tomar en cuenta es que el rencor o las ideas que quedan en tu mente y en tu corazón a causa de ese acto, pueden terminar en algunas ocasiones siendo más grandes y dañinas que el mismo acto que te lastimó en el principio.

Yo no pongo en duda que alguien te haya hecho algo indebido, no dudo que quizás alguien te traicionó a ti, traicionó tu confianza, habló en contra de ti, hizo algo que provocara que te sintieras ofendida. La verdad es que en el curso de la vida muchas personas pueden cometer errores que terminan en una sensación de daño para aquellas que experimentaron ese error hacia ellas. Pero debes saber que la falta de perdón puede ser más nociva que el acto que te hirió en sí.

Quizás sea bueno revisar la falta de perdón un poco más a profundidad para entender qué es lo que sucede cuando nos cuesta perdonar a alguien.

Cuando tú sientes que alguien hizo algo en tu contra, una de las primeras reacciones que ocurre en tu interior es la necesidad de resolver lo que pasó, y de encontrar alguna forma de recompensa o justicia con respecto a ese acto que tú sientes que te fue hecho. La falta de perdón entra en juego como una manera de mantener a esa persona que te lastimó como culpable por lo que te hizo, con la esperanza, muchas veces ilusoria, de que vas a recibir una compensación por ese daño que te provocaron.

Pero hay algo que creo que es importante que tú sepas: el hecho de que tú sientas que cierta persona es culpable de algo que fue hecho en contra tuya, o que tú sientas que mereces una disculpa o una recompensa por parte de esa persona, no significa que la persona realmente se sienta responsable de ese acto, o como podría pasar también que la persona no sienta que te deba una disculpa por ese acto y no llegue a reconocer su error, nunca. No estoy siendo negativa al hablar esto, estoy simplemente hablando la realidad como muchas veces se presenta en el día a día.

Es lamentable, pero cierto, que muchas personas cometen errores y no tienen la capacidad, o la voluntad, de aceptar que se equivocaron; mucho menos de pedir una disculpa o de resarcir un daño. Esto es algo que tú vas a tener que enfrentar por ti misma. Digo enfrentar porque aun cuando una persona no acepte su error y te dé una compensación por ese acto que te fue cometido, muchas veces es necesario que tú actúes y acciones por tu propio bienestar. Con esto no estoy diciendo que tomes la justicia en tus propias manos. Todo lo contrario, estoy hablando de que la principal interesada en tu propio bienestar eres tú misma, y eres tú quien debe darte a ti la compensación que tú sientes que necesitas en tu interior. "Pastora, pero qué injusto suena eso". Sí, y no solo suena injusto, *es* injusto, lo sé. Pero la realidad es que tú no puedes decidir por las demás personas, ni puedes obligar a que los demás hagan algo que tú quieres o necesitas. Hay cosas que tú tienes que hacer por ti misma con tal de tú estar bien, aun cuando fue otra persona que te hizo el daño. Y quiero que sepas una cosa: el primer paso en lograr ese bienestar luego de haber sufrido una mala acción por parte de otra persona es perdonar a la persona que te dañó.

Me gustaría que veas algo. Quiero que visualices la falta de perdón como ese famoso banquillo de los acusados del que tanto se habla en las salas de juicio. Cuando tú no perdonas a alguien, es como si tú te pusieras detrás de ese banquillo esperando a que esa persona que te hizo daño venga y se haga responsable de su error y pague la compensación por los daños provocados. El único problema es que esa persona no siempre va a venir por su cuenta, ni tú eres policía para ir a traerla y hacer que se siente. Y aún si pudieras traerla, no puedes hacer que confiese y que pague por los daños. Cuando tú no perdonas es como si permanecieras eternamente detrás de esa silla esperando que la persona venga, pero lo que tú no te das cuenta es que tú estás sola esperando ahí, y que en realidad eres tú quien está atada a esa silla sin poder moverte.

El peligro es que muchas veces tú terminas presa de un banquillo de acusados por estar esperando que otro venga a pagar por lo que te hizo, y a la postre terminas tú pagando, pero de otra manera: con más sufrimiento, y amargura, y rencor. El error que muchas personas cometen es al pensar que perdonar es para liberar a la otra persona del error que cometió, cuando la realidad es que muchas veces tú perdonas para liberarte a ti misma del error que esa persona cometió.

No puedes estar amarrada al banquillo de la falta de perdón toda tu vida. Si estás atada a esa silla te vas a perder de las grandes bendiciones y celebraciones de las que podrías disfrutar en tu vida, aún después de haber sufrido por un daño cometido por otra persona en tu contra. La falta de perdón no solo te provoca más sufrimiento, sino que te roba de la posibilidad de celebrar tu libertad del rencor.

## RESÉRVATE EL DERECHO DE ADMISIÓN

¿Has entrado alguna vez a un restaurante que tenga en la puerta un rótulo que diga: "Nos reservamos el derecho de admisión"? Lo que es, básicamente, es un derecho que tienen los lugares de comercio de decidir quién puede entrar en su establecimiento y quién no.

Ahora, los lugares de comercio, casi siempre, se toman como lugares públicos, sin embargo, se mantienen con cierta soberanía de decidir quién puede entrar en el local y quién no. Si hablamos de la celebración, o las celebraciones que tú debes tener en tu vida, creo que lo mejor que puedes hacer por ti misma es levantar ese letrero en tu mente y tu corazón y reservarte el derecho de admisión, ¿sabes de quién? ¡De los aguafiestas! No permitas que entre a ti vida la duda, la tristeza eterna y la falta de perdón. Ciérrales la puerta en la cara y toma la decisión de que tú vas a celebrar no importa la situación que estés viviendo actualmente, y no importa las situaciones que hayas vivido en el pasado. La fiesta es tuya, tú decides a quién invitas, y tú decides quiénes pueden entrar y quiénes no. Y de plano quita de tu lista de invitados a estos aguafiestas que lo único que harán es arruinarte la mejor celebración que puedas tener: la celebración que es vivir.

5

# UN CORAZÓN ALEGRE

Hay una idea elemental que quiero transmitir a lo largo de estas páginas que estás leyendo: no hay mejor manera de vivir que celebrando. No existe una forma más hermosa para experimentar la vida que reconociendo lo que tienes a tu favor y alegrándote por ello.

Por la posición que ocupo en la iglesia, y el trabajo ministerial que hago, hay ciertas cosas que puedo observar al relacionarme con diferentes personas de todo el mundo. Una de las cosas que veo frecuentemente es que hay personas que tienen lo que mucha gente llamaría "una vida privilegiada" y no se ven felices, mientras que hay otras personas que, a la vista algunos, no tuvieron tantas facilidades o privilegios, pero son felices y se ven satisfechos con lo que tienen. Un ejemplo muy común que vemos a diario es con las personalidades de cine y estrellas musicales. Aunque viven una vida deseada por muchos, no se ven felices. De hecho, los casos de depresión, desórdenes alimenticios, problemas maritales y familiares, e intentos de suicidio son bastante comunes en esta población. Y cualquiera diría: "Pero lo tienen todo".

¿Será cierto que realmente lo tienen todo? Tienen dinero, sí. Fama, sí. Lujos, sí. Pero no tienen felicidad, no tienen paz. ¿Recuerdas aquella frase usada por una marca de tarjetas de crédito: "Hay cosas que el dinero no puede comprar"? Cuánta verdad hay en esas palabras. La felicidad no se puede comprar. No existe el dinero suficiente en el mundo que pueda comprar la felicidad. Esto es porque hay cosas en la vida que no se adquieren con dinero, y debes entender que el dinero no lo es todo. Y todos queremos ser felices, ¿cierto?

Yo estoy segura de que si tú estás leyendo este libro es porque tienes dentro de ti el deseo de ser feliz, de vivir una vida de éxito y alegría. Sin embargo, veo que no todas las personas saben cómo alcanzar la felicidad. Todos queremos una experiencia de vida agradable y satisfactoria, pero no todos saben cómo lograrlo.

En este capítulo yo quiero explorar contigo 2 factores que determinan tu experiencia de vida. Hay 2 elementos que tienes que considerar cómo operan en tu vida, para que puedas realmente aprender a celebrarte a ti misma, sea cual sea tu condición de vida. Me quiero basar en este principio fundamental: tu condición de vida no determina tu experiencia de vida. Dicho de otra manera, las condiciones actuales de tu vida no tienen por qué influir en la manera en que tú disfrutas tu vida. Puedes tenerlo todo y ser feliz, así como puedes no tener nada y ser feliz. Y, por otro lado, puedes tenerlo todo y no ser feliz, así como no tener nada y tampoco ser feliz. Las condiciones actuales de tu vida no determinan cómo tú experimentas tu vida.

Pero existen 2 elementos que sí determinan tu experiencia de vida, y quiero hablarte de ellos por un momento. Estos dos factores son tu perspectiva y tu actitud.

Hay muchas ideas sobre cuál de las dos va primero, la perspectiva o la actitud, pero yo te quiero enseñar una manera diferente de ver ambos factores, porque sea cual sea primero (algo así como el huevo y la gallina), tú puedes cambiar ambos y trabajar sobre ellos para mejorar así tu experiencia de vida. Pero veamos acerca de cada elemento por separado:

## PERSPECTIVA

Una perspectiva es la vista que tienes con respecto a algo debido a la posición que ocupas frente a él. Tú vas a tener una perspectiva sobre cada cosa que tú ves.

Me resultó curioso. A la hora de prepararme para este capítulo, existe toda una temática en el mundo de los deportes acerca de malas ubicaciones en ciertos estadios que limitan tu posibilidad de ver lo que está ocurriendo en el terreno de juego. Por más que los arquitectos e ingenieros actuales intenten crear estructuras que soporten las grandes dimensiones de los estadios y al mismo tiempo no obstaculicen la visión de los asistentes, en el pasado no era una práctica que se podía lograr con facilidad. Como consecuencia de esto, hay algunos asientos en algunos estadios que quedan en una ubicación poco favorable para el espectador. Algunos están al lado de una puerta de acceso, otros por encima de un techo a una gradería inferior, y otros asientos detrás de un poste.

Una de las peores ubicaciones de asientos la tiene el estadio Fenway Park donde juegan los Medias Rojas de Boston. Si vas a este estadio procura nunca elegir el asiento 17 de la fila 2, en la sección Grandstand. Si algún día vas a este estadio y te sientas en esa silla, lo único que podrás ver es una columna estructural de un metro de ancho color verde. Te aseguro que eso va a ser lo único que verás en todo el partido. Esto puede causar una gran desilusión a cualquiera que le toque sentarse en esa silla.

De la misma manera sucede en tu vida. Hay veces en las cuales la posición en la que estás con respecto a cierto tema o cierta situación va a determinar la manera en que la ves. Hay posiciones que son bastante incómodas que no permiten que veas tu vida, ni todo lo que ocurre en ella con claridad. Y es posible que eso que estás intentando ver sea bueno, pero tu perspectiva puede afectar la manera en que lo ves.

Me recuerda a los tiempos de antes, cuando no existían las sillas numeradas en los auditorios de cine, ¿recuerdas? Para las lectoras más jóvenes, quizás no estés familiarizada con este sistema de selección de asientos. No podías elegir tus asientos con anterioridad, no tenían la numeración que ves hoy día. Si querías conseguir un buen lugar en la sala tenías que llegar temprano a la función y hacer fila. Los jóvenes de hoy día jamás sabrán lo que era hacer una fila de media hora con tu bandeja cargada con vasos de refresco y tu balde de palomitas de maíz. Pero esa no era toda la odisea. Si llegabas tarde al cine, lo más seguro es que te iba a tocar en las primeras dos o tres filas de la sala. Sentarse en la primera fila del cine significaba una contractura segura al día siguiente.

Tú podías estar viendo la película más interesante y entretenida, pero la posición que tenías con respecto a la pantalla de la sala podía influir dramáticamente en tu experiencia cinematográfica.

Una mala perspectiva que tú tengas hacia algo puede influir en la manera en que tú piensas sobre eso, y esta es la importancia tan grande que existe en que tú tengas una buena perspectiva sobre las cosas que estás viviendo.

Tú dirás, ¿cómo puedo tener una mejor perspectiva sobre algo? Te voy a decir cómo:

Si el lugar en donde estás ubicada en este momento no te permite ver con claridad lo que está pasando, lo que debes hacer es cambiar de lugar. Así como lo acabas de leer: quítate del lugar donde estás, y ponte en otro lugar. El problema de visión que tiene la silla 2 de la fila 17 en el estadio Fenway Park es un problema solo de la silla 2. La silla 3 tiene una visión completa al terreno de juego. Hay personas que tienen una mala experiencia de vida simplemente porque están en el lugar equivocado tratando de ver lo que desde esa posición no se puede ver.

Entiendo que en la vida no es tan sencillo como en un estadio de pelota, pero ¿cómo podemos trasladar este principio a la vida personal? Hay momentos en la vida en los que cambiar de perspectiva implica comenzar a hacer algo diferente. Mientras que te expongas a las mismas situaciones, leas el mismo tipo de noticias, veas el mismo tipo de reportajes, hables con las mismas personas, vas a seguir teniendo la misma perspectiva de las cosas.

Tienes que tomar en cuenta que tu perspectiva de la vida siempre va a estar alimentada por lo que estás viendo, y si lo que estás viendo es siempre negativo, siempre pesadez, tragedias y adversidades, tu perspectiva de la vida va a tornarse de ese mismo color.

## ACTITUD

Una actitud es una manera de pensar o de sentir acerca de algo o de alguien que se refleja en la actitud de una persona.

Anteriormente hablábamos acerca de la perspectiva, que es esta manera de ver las cosas. Pero cuando llegamos al punto de la actitud, la actitud es tu manera de comportarte frente a un evento en particular que surge a raíz de tu manera de pensar o sentir con respecto a eso. Por ejemplo, si tú te sientes bien con los gatos, piensas que son agradables, que son lindos, tiernos y cariñosos, tu forma de comportarte ante un gato va a ser en esa misma línea. Mientras que, si eres de las personas que no les gusta los gatos, los ves con cierto desagrado y te hacen sentir incómoda, claramente tu comportamiento va a reflejar esa manera de pensar y de sentir. Ese comportamiento es tu actitud.

Tu actitud es la manera en que tú actúas frente a algo basado en tus ideas y sentimientos. Lo que no podemos obviar de esto, según la línea que te he estado explicando, es que tus pensamientos y sentimientos van a ser influenciados por tu perspectiva. Dicho de este modo, tu actitud puede ser un resultado de tu perspectiva.

Pero quiero que lo veas de otra manera. Porque esa explicación, a mi parecer, queda muy corta de la realidad. Si lo terminas viendo solo de esta manera, te vas a quedar muy limitada en cuanto a tus posibilidades de aprender a celebrar tu vida. Te lo explico de esta manera:

Tú puedes tener la peor vista con respecto a algo, puedes tener una muy mala perspectiva de algo, pero si tu actitud es buena, vas a tener la determinación de cambiar tu perspectiva. Vas a tener la entereza de tomar una decisión y mejorar tu punto de vista. De esta forma, tu perspectiva puede influir en tu actitud, pero tu actitud también puede influir en tu perspectiva. Y esto, creo yo, es muy importante que lo entiendas.

Tu actitud puede ser determinante en que decidas levantarte del lugar donde estás y cambiar la posición que tienes con respecto a algo o a alguien. Tú puedes tener la peor posición en tu vida, puedes estar expuesta a las cosas más tristes, más negativas y complicadas, pero si tienes una buena actitud vas a tener la iniciativa de hacer cambios. Pero sabes, no siempre puedes cambiar una circunstancia. No siempre tienes la posibilidad de levantarte e irte físicamente del lugar donde estás. Hay momentos en la vida en los cuales ese cambio tiene que ser interno. Tienes que cambiar en tu manera de pensar y en tu manera de sentirte con respecto a algo.

Es igual a lo que te hablaba acerca del perdón. La falta de perdón se debe a una perspectiva. Cuando tú solo ves lo que la persona hizo, y solo estás pensando en hacer que la persona pague por su error, o que tú tengas tu venganza, lo único que vas a ver en tu vida es lo mismo: amargura, rencor, dolor y tristeza. En el momento en que cambias tu actitud, cambias tu manera de comportarte, vas a poder comenzar a ver otras cosas que no veías antes, cambiarás tu postura. Cambiarás tu perspectiva.

Una buena actitud puede lograr lo que el rencor no pudo hacer. De la misma manera, una buena actitud puede lograr lo que la venganza no logra, lo que la tristeza no logra. Tú puedes estar triste, y eso es sano, es saludable. Pero si mantienes esa misma perspectiva de tristeza, te sigues exponiendo a la misma novela una y otra vez, las mismas canciones, nunca vas a cambiar tu actitud.

Ambas cosas son muy importantes, tu perspectiva y tu actitud, y en ambas debes trabajar. Pero tu actitud es fundamental para crear en ti una cultura de celebración y regocijo. Recuerda que la actitud se refleja en tu comportamiento. Tú puedes tener una perspectiva acerca de algo y eso solo será visible hasta el momento en que esa perspectiva tuya incide en tu actitud y tu actitud da forma a tu comportamiento. Ese comportamiento es el que es visible. Es tu actitud la que se materializa en tu manera de actuar. Esto hace que una buena actitud sea fundamental para ser feliz.

Hay 3 ideas que quiero compartir contigo acerca de las actitudes, antes de que podamos entrar a hablar acerca de tener una actitud positiva.

1.  Las actitudes se contagian.

Quizás la palabra correcta sea "aprender". Tú aprendes una actitud. La aprendes de todo a lo que te expones, de las cosas que ves, de las personas con las que te juntas, de las conversaciones que oyes, de las noticias que consumes.

En mi propia vida yo he tomado la decisión de no consumir cierto tipo de noticias, y de no escuchar ciertas fuentes noticiosas. Hay algunos medios que se concentran solo en lo malo, en lo negativo, y pareciera que su único objetivo es sembrar pesadumbre en su audiencia. Cuando tú empiezas a cuidar lo que permites que entre en tu vida, comienzas a cambiar tu manera de pensar y de ver las situaciones que ocurren a tu alrededor.

Las actitudes se transfieren de una persona a otra. Es como un resfrío. Cuando estás cerca de una persona con una mala actitud, todo lo que sale de esa persona eventualmente terminará cayendo sobre ti y si no tienes el cuidado necesario, terminas con la misma mala actitud que te transmitió esa persona.

2. Las actitudes se esparcen

Una vez que un germen o un virus entra en tu cuerpo, inmediatamente comienza un proceso de reproducción interna. Ese germen empieza a multiplicarse y a esparcirse por todo tu cuerpo, invadiendo todo tu ser.

De la misma manera, cuando una actitud mala de una persona entra en tu ser, al instante comienza a replicarse e invade cada área de tu vida. Puede comenzar a partir de un comentario de una persona que tú permites que entre en ti. Un chisme, por ejemplo. O una crítica, un rumor acerca de alguien más. Tú permites que eso entre por tus sentidos y lo próximo que ocurre es que obtienes una perspectiva acerca de eso que te fue dicho. El siguiente paso es que se sigue multiplicando a lo interno y sin darte cuenta ya tienes una idea premeditada acerca de esa persona o ese acontecimiento. Luego comienzas a desarrollar ciertas actitudes y comportamientos hacia esa persona y cuando te das cuenta estás reproduciendo esa misma actitud de alguien más quien te la transmitió.

3. Las actitudes se pegan

Una de las cosas más relevantes que debes saber acerca de las actitudes es que una vez que una actitud se inserta en tu ser es trabajoso eliminarla. Aclaro, es trabajoso, no imposible. De hecho, es muy posible, pero requiere de un gran esfuerzo de tu parte.

Esto se debe a que una mala actitud a veces puede producir una sensación falsa de agrado en la persona. Quiero ser transparente en algo: si hablar chismes fuera desagradable nadie lo haría. Sucede también con otras malas actitudes, el pesimismo, la insatisfacción, el negativismo. Una vez que empiezas a pensar de manera negativa se convierte en un patrón el cual queda incrustado en todas las áreas de tu vida.

Quisiera contrastar este hecho con las ventajas de una buena actitud.

## CAMBIA TU MALA ACTITUD

A lo largo de este capítulo he estado hablando sobre la mala actitud y cómo tu perspectiva y tu actitud puede definir el rumbo de tu manera de experimentar la vida. Pero es importante que entiendas que, así como una mala actitud puede provocar gran daño, una buena actitud puede traer grandes beneficios. Quiero enumerar 3 beneficios que se desprenden de tener una buena actitud en tu vida, una actitud de celebración, alegría y gozo en ti. Son 3 beneficios que tú puedes experimentar si cambias la posición desde la que ves tu vida, dejas de exponerte a ciertos elementos que te influyen de manera negativa, y empiezas a transformar tu pensamiento y tus emociones con respecto a las condiciones en las que te ha tocado vivir. Cuando tú sueltas tus pensamientos negativos y emociones con respecto a tu situación, inmediatamente empiezas a transformar tu actitud, y una vez que tu actitud es cambiada, empiezas a disfrutar de estos beneficios en todas las áreas de tu vida.

1.   Una buena actitud hace que luzcas mejor

Dice Proverbios 15:13: *"El corazón alegre hermosea el rostro, más por el dolor del corazón el espíritu se abate."*

Quiero que leas nuevamente este versículo y te quiero invitar a que veas el contraste tan tremendo que hay entre ambas experiencias.

Una actitud buena, como la actitud alegre, de celebración, es tan beneficiosa para tu vida que hasta hace que cambie tu semblante, hace que luzcas más hermosa, más radiante, más atractiva.

Si una mala actitud se ve de lejos, imagínate lo evidente que es una buena actitud. Hay personas que la tristeza o la amargura se les nota, y hay personas cuya felicidad es tan evidente que es como si irradiaran luz a su alrededor.

2.   Una buena actitud te sana

¡Qué gran consejo nos da la Palabra de Dios en Proverbios 17:22! Dice así: *"El corazón alegre constituye buen remedio; más el espíritu triste seca los huesos."*

No puede estar más clara la Palabra de Dios. Una buena actitud trae vitalidad a tus huesos, a tu cuerpo. Una actitud de celebración, de alegría es medicina para tu cuerpo. ¿No te ha pasado alguna vez que te ríes sin parar por largo rato y luego que terminas de reír te sientes renovada, fresca, como si te hubieras reiniciado?

Un estudio de casi 80 años aún en progreso llamado el Harvard Study of Human Development (Estudio de Harvard sobre Desarrollo Humano)[1] determinó que la clave para la longevidad y una vida saludable es la felicidad y el éxito. Pero tú y yo no necesitamos de un estudio como este para saber esta gran verdad. Lo que este estudio científico hizo fue simplemente comprobar con evidencia científica y estadística lo que la Biblia dice en Proverbios 17:22, la alegría sana, la alegría revitaliza. Una de las mejores terapias que puede haber para tu cuerpo y para tu mente es cambiar tu actitud negativa por una actitud positiva y alegre.

3.   Una buena actitud te facilita la vida

En Proverbios 15:15 encontramos un beneficio del que no te puedes perder. Dice: *"Todos los días del afligido son difíciles; más el de corazón contento tiene un banquete continuo."*

No es que una buena actitud haga que tus problemas sean más fáciles. Una buena actitud no altera la dificultad de tu problema, pero sí hace que tu manera de afrontar ese problema sea más fácil. Si empiezas a tener una perspectiva positiva con respecto a las situaciones que enfrentas, tu actitud empieza a cambiar, haciendo que tu experiencia de la situación sea más llevadera.

Hoy día se promueve en todos los ámbitos de la sociedad salidas fáciles a los problemas, como si las salidas fáciles realmente existieran. En realidad, no todas las salidas son fáciles, de hecho, la mayoría de las salidas son difíciles. No puedes pretender que aquello que por tanto tiempo has esperado y soñado te salga fácil o barato, y no hay atajos para el éxito. El

---

1. Consulta en línea: https://www.adultdevelopmentstudy.org.

éxito cuesta caro, cuesta caro en dinero, en esfuerzo, en sufrimiento, y en sacrificio.

Sin embargo, tu actitud puede determinar la manera en que alcanzas ese éxito, si se convierte en una experiencia insoportable y dolorosa, o en una continua fiesta y celebración de los avances que vas teniendo. Si notas en este versículo 15, la Biblia no dice en ningún momento que el problema, la dificultad, o lo que esté generando dificultad se vaya a reducir o eliminar. Este versículo habla de la manera en que tú vivirás ese proceso. Lo puedes vivir con dificultad o lo puedes vivir con celebración.

Este versículo nos enseña que aún en los momentos más difíciles de nuestra vida podemos experimentar la celebración más grande y extendida que pueda existir sobre la tierra. Tu alegría, tu gozo y tu celebración puede ser continua cuando dejas de lado la aflicción, la amargura y las malas actitudes que quieren ensombrecer tu oportunidad de vivir bien.

# 6

# CÉLÉBRATE

Quiero hacerles una confesión. En varios momentos mientras estaba escribiendo este libro se me venía a mi mente la famosa canción de Celia Cruz que dice: "la vida es un carnaval". ¿Quién no ha escuchado esa canción? Un clásico de la música latina. No es que yo pase todo el tiempo escuchando música secular, pero hay algunas canciones que por más música cristiana que escuches solamente, se te pegan porque las oyes en todos lados.

Te decía que durante este tiempo de escribir este libro pensaba en esa canción. De primera entrada pensé utilizar esa misma frase de Celia para dar el ejemplo de que la vida es algo tan valioso, tan precioso que debemos celebrarla siempre. Pero de repente me puse a pensar en esa frase y me di cuenta de que no está tan alineada a la idea de este libro, y esta es la razón.

Sí, la vida debe ser una constante celebración, tal como lo vimos en Proverbios 15:15. Y quizás de primera entrada la frase de la canción de Celia Cruz sí calza en algo. Pero lo que me di cuenta de que no concuerda tanto es que un carnaval no es el tipo de celebración más adecuada para la vida, al menos no la más saludable.

En un carnaval las personas desfilan para mostrarse ante otras personas, y los que celebran son los espectadores, no los que desfilan. Si tú participas de un carnaval tú estás caminando para que otras personas te vean, te disfruten, o lo opuesto, te señalen y critiquen.

No soy partidaria de que una celebración sea para que solo otras personas celebren y disfruten de lo que tú haces y de tus logros. Yo creo que la verdadera manera de celebrar es que tú seas la que más disfruta, la que más aprovecha, porque eres tú quien estás viviendo tu vida, no otras personas. Entonces no, señora Celia, la vida no debe ser un carnaval, la vida debe ser un banquete. Una celebración donde tú te sientas en tu mesa a disfrutar y comer del fruto de tu trabajo y tus logros.

## TÚ ERES IMPORTANTE

"Tú eres importante" es quizás una de las frases más populares y usadas en todos los contextos de la vida. Cuando trabajas para una empresa generalmente tus jefes o supervisores te dirán que tú eres importante. Cuando estás con tus amistades posiblemente ellas te dirán que eres importante para ellas. Tu familia, tus hijos, tu esposo, todos te dirán que eres importante. Lo que quiero decir es que la frase se escucha por todas las calles y avenidas de la vida, sin embargo, cuando veo la vida y el comportamiento de muchas personas me da la sensación de que no logran entender realmente la profundidad de esas palabras.

Posiblemente tú hayas escuchado ya, y pienses que eres importante. Pero quiero invitarte a que analices por un momento tu vida. ¿Tus pensamientos, decisiones y acciones reflejan realmente que tú crees que eres importante? Es lamentable, pero cierto, que muchas personas pareciera que viven su vida en función de los demás. Primero tus amistades, primero tu trabajo, primero tu familia, primero todo lo demás, y después si puedes, si te sobra tiempo y energías, entonces tú.

Entiendo que este tema a veces puede resultar algo controversial y en muchos círculos de la sociedad encontrarás diferentes puntos de vista. Pero yo te quiero hablar acerca de lo que he aprendido en mis años de experiencia: es una buena manera de vivir tu vida bajo un principio de que tú eres importante y que debes ser primera también.

La sociedad en la que muchas de nosotras nos criamos nos enseñó que la mujer debe vivir en función de su familia todo el tiempo. Esa figura de mujer que cría a sus hijos y no hace ninguna otra cosa más que atender el hogar es un modelo que por mucho tiempo ha influido en nuestra manera de formar una familia.

Cuando miras atrás en el tiempo, te encuentras con una mujer que pasó la mayor parte de su tiempo dentro de su casa, criando a sus hijos, educándolos, haciendo las labores de limpieza y aseo de la familia y cocinando los alimentos de todos.

No quiero que me malinterpretes, esta posición no está del todo mal. Entiendo que hay mujeres que deciden este estilo de vida y me parece totalmente respetable. Lo que considero que está un poco desalineado es el hecho de que en muchos casos la mujer ha tenido que hacerse a un lado ella misma para poner a todos los demás en su casa primero.

¿Cuántas mujeres no crecieron con la idea de la madre entregada y abnegada que deja su plato para que coman los demás? De nuevo, me parece admirable la entrega de una madre. Pero cuando miras el resultado de esto, en muchas ocasiones te encuentras con mujeres frustradas que no lograron cumplir sus sueños o no pudieron superarse en la vida, y que no les quedó más que conformarse con ver surgir a sus hijos. Esto está bien, de verdad, no está del todo mal. Pero ¿y si hubiera otra manera de hacerlo? ¿Si hubiera una forma en que tú puedas cuidar de tus hijos, atender a tu familia sin descuidarte a ti misma y ubicándote en una posición más equilibrada dentro del círculo familiar?

Después de todo, el círculo familiar es un círculo, ¿no? Un círculo es una figura uniforme donde todo el perímetro está en la misma distancia del centro. ¿Sabes de qué me habla esto? De equilibrio, de balance. En una familia todos los miembros son iguales, tanto mamá como papá como los hijos. Iguales en el sentido de que ninguno es más importante que el otro.

Pero hay algo que debes tener presente. Cuando se trata de vivir en familia, tú tienes que entender que tú tienes una responsabilidad para con tu familia, por supuesto que sí. Pero tienes una responsabilidad también para contigo misma.

Muchas mujeres se acercan a mí todo el tiempo y una de las cosas que más escucho es: "Pastora, yo te admiro porque has logrado tanto en tu vida". Y yo por dentro lo primero que pienso es: sí, pero tú también has logrado mucho y puedes lograr mucho más. Al punto que quiero llegar es que ha habido por años un sistema de pensamiento que nos ha hecho creer a nosotras las mujeres que tenemos que pensar primero en todas las demás personas que en nosotras mismas. Y esto, lejos de producir un buen fruto, lo que ha traído a futuro es insatisfacción, frustración, soledad y en muchas mujeres una sensación de desamparo.

Tu familia es importante, tu esposo es importante, tu casa es importante. Pero tú eres importante. A veces cuando hablo de esto la gente me pregunta: "Entonces, ¿debo pensar primero en mí y no pensar en los demás?". ¿Has escuchado a alguien decir eso alguna vez? Sabes, esa es la frustración hablando. Hay muchas mujeres que lamentablemente no han podido hacer su vida porque han estado muy ocupadas haciéndole la vida a sus familias. Lo que yo quiero que tú entiendas es que puedes hacer ambas. Tú, como madre y esposa, estás en el deber de hacer ambas. De hacer tu vida, y hacer a tu familia. Pero hacer a tu familia no significa hacerles la vida a ellos, significa llevarlos a un punto de responsabilidad y seguridad en que ellos ahora están en condición de hacer su vida por ellos mismos.

Yo creo fielmente en el sacrificio. Yo creo y he enseñado en muchas ocasiones que el éxito no va a venir sin sacrificio. Y la maternidad y el matrimonio implican sacrificio, por supuesto que sí. De igual manera todas las demás cosas que quieras lograr en tu vida van a implicar sacrificio también. La pregunta que quiero hacerte es: ¿hasta cuándo te vas a sacrificar solamente? La vida no es solo deberes y responsabilidades, como lo vimos ya al principio de este libro. La vida también es deleite y gozo y celebración. El balance viene cuando tú comienzas a crear un sistema en tu vida en el que incluyes un momento para todas las cosas.

Unos párrafos atrás hice alusión al círculo familiar. Yo creo que el círculo es la figura que mejor ilustra lo que es el balance. Tú ves un círculo y todo el borde del círculo está a la misma distancia del centro. Ninguna área del perímetro está más cerca o más lejos que la otra área, todos están al mismo nivel. Creo que cuando hablamos de crear un balance en nuestra vida, debemos pensar en esa figura del círculo. Cada parte de tu vida, cada cosa que tú haces es importante. Cada función en la que te desempeñas merece la misma entrega, la misma disposición y el mismo tiempo que las demás.

Quiero que imagines ese círculo por un momento. Es más, busca una hoja blanca y un lápiz y un marcador. Toma un momento ahora mismo y ve a buscar esas tres cosas: una hoja blanca, un lápiz y un marcador.

Quiero que dibujes en esa hoja un círculo. Hazlo lo más grande que puedas. Pon un punto en el centro de ese círculo. Haz que sea visible ese punto.

Ahora quiero que pienses en todas las áreas de tu vida. Las cosas que haces, las funciones que realizas. Todas tus responsabilidades y tareas. Piensa en todas las cosas en las que tienes que dividirte en el día a día. Con el lápiz pon un punto en cada parte de la circunferencia o el borde de ese círculo.

¿Puedes ver como cada uno de esos puntos que representan tus responsabilidades y funciones están todas a la misma distancia del centro?

Siguiente instrucción: quiero que te pongas un punto en ese círculo que te represente a ti. ¿Lista?

¿Dónde pusiste ese punto tuyo?

Quiero decirte que, si no pusiste ese punto, que te representa a ti, en el centro del círculo, es muy posible que has estado viviendo una celebración, pero tipo carnaval, donde has desfilado por un camino donde otras personas te han visto y han disfrutado por ti. Es algo para que pienses por un momento. Pero sigamos con el ejercicio.

Ahora, toma ese marcador, y quiero que recorras toda esa circunferencia del círculo y le des la vuelta completa a esa circunferencia. Una de las primeras cosas que verás al hacer esto es que no puedes estar en toda la circunferencia al mismo tiempo. Si estás en un punto del lado derecho, no puedes estar ni arriba, ni abajo, ni en el lado izquierdo. Este es el principio del balance. Tú no puedes estar en todos lados al mismo tiempo. Es más, tú no puedes estar solo en la circunferencia todo el tiempo. Tú eres el centro. Tú estás en el centro de tu vida y te extiendes a cada uno de esos puntos que componen tu círculo, pero lo que tienes que entender es que luego de pasar por cada uno de esos puntos, siempre tienes que regresar al centro. Siempre tienes que regresar a ti misma.

Lo que esto quiere decir, básicamente, es que hay un tiempo para todo, y si aplicas este principio en tu vida vas a encontrar que para todo vas a tener tiempo, tanto para las responsabilidades que tienes a cargo, pero también vas a tener tiempo para las celebraciones y los placeres de cada una de estas áreas de tu vida. Verás que hay un tiempo para ser mamá, y lo vas a poder cumplir de manera responsable, así como podrás disfrutar del placer de ser mamá. Vas a poder ser empresaria, estudiante, profesional, mujer de ministerio, esposa, hija y todas las demás partes que componen tu vida, cumpliendo con cada uno de tus deberes, pero también viviendo con deleite y disfrutando los beneficios y las alegrías que cada una de esas áreas conlleva.

Criar a tus hijos es tu responsabilidad, y es una función muy importante que debes cumplir. Pero la mejor madre que tus hijos pueden tener no es una madre sacrificada y abnegada, sino una madre satisfecha, plena y feliz consigo misma.

Ser esposa es una bendición tremenda, y sí, es una responsabilidad también. Pero la mejor esposa que pueda tener tu esposo no es una mujer que solo sabe atender el hogar. La mejor esposa que tú puedes ser para tu esposo es una mujer segura de sí misma y alegre, realizada con su vida y con todo lo que hace.

Lo que te quiero decir es que lo mejor que tú puedes hacer para los demás es ser feliz tú, estar completa tú, y ser la mejor versión de ti misma que puedas ser. Y para eso, la única manera en que lo puedes hacer no es viviendo tu vida como un desfile, sino viviendo tu vida como un banquete. No un carnaval donde estás desfilando en función de los demás, y que vives y trabajas para los demás y que todo el mundo ve de lejos y se queda sentado como espectador, sino que estás sentada en un banquete con todas las personas que forman tu círculo, y están todos sentados en la misma mesa, haciendo lo mismo y disfrutando la celebración que es vivir.

¿Cuál es tu posición ahí? Estás sentada, disfrutando, celebrando. Con las personas importantes para ti.

Lo que quiero que tú entiendas es que tienes que celebrar tu vida, y celebrar tu vida significa que tú eres la parte central de la celebración, no la que produce la celebración para los demás. Tú celebras lo tuyo, y cuando celebras lo tuyo, tu propia vida, celebras mejor la vida de los demás a tu alrededor.

## CELEBRA TODO

Como tú eres la parte central de la celebración de tu vida, no existe ningún motivo de por qué no puedas celebrar, y no existe nada que no puedas celebrar. Lo más importante ya lo tienes, tú misma.

Tú no necesitas de logros gigantes ni de medallas olímpicas para encontrar un motivo para celebrar. El motivo ya lo tienes: estás viva, estás aquí, estás bien.

Pero eso no es todo, tú no eres el único motivo que tienes para celebrar, hay un motivo más grande que puedes celebrar y te lo quiero enseñar con un versículo que seguramente conoces bien.

Quiero que leas Juan 10:10 en la Traducción de Lenguaje Actual (TLA): *"Cuando el ladrón llega, se dedica a robar, a matar y destruir. Yo he venido para que todos ustedes tengan vida, y para que la vivan plenamente"*.

Dime si vivir en una celebración continua no es vivir plenamente. Dime si vivir llena de felicidad y paz y amor no es una vida plena. ¡Claro que lo es! Y sabes, tú tienes acceso a eso. Lo puedes vivir, primero, porque te tienes a ti misma, como ya te dije. Pero también puedes vivirlo porque Jesús ha venido a tu vida. Tienes la vida plena porque lo tienes a Él. ¿Hay algo más que te impide celebrar tu vida? ¿Podrás celebrar hoy que Dios vino a tu encuentro?

¿Recuerdas cómo era tu vida antes de que Jesús estuviera en ella? Creo que muchas veces a las personas se les olvida de dónde Dios las sacó y cómo vivían antes de conocer a Jesús. Nos familiarizamos con el hecho de que ahora muchas cosas nos son dadas por bendición y se nos olvida el milagro tan grandioso que cada una experimentamos cuando le entregamos nuestra vida a Cristo. Jesús nos manda en su Palabra, que hagamos memoria de su obra redentora en la cruz, que no nos olvidemos de lo que Él hizo por ti y por mí.

En la iglesia evangélica tenemos una actividad que realizamos con cierta frecuencia, en donde se recuerda el sacrificio de Jesús en el Calvario y su resurrección de la muerte para darnos vida. Esta actividad la hacemos en obediencia a un mandato que Jesús les dejó a sus discípulos la noche en que fue entregado a las autoridades de Jerusalén para ser juzgado y luego sentenciado a morir.

El Apóstol Pablo nos brinda un hermoso relato de este gran acontecimiento y la petición de Jesús para nosotros. En 1 Corintios 11: 23-26 (TLA):

> *Lo que el Señor Jesucristo me enseñó, es lo mismo que yo les he enseñado a ustedes: La noche en que el Señor Jesús fue traicionado, tomó en sus manos pan, dio gracias a Dios, lo partió en pedazos y dijo: -Esto es mi cuerpo, que es entregado en favor de ustedes. Cuando coman de este pan, acuérdense de mí. - Después de cenar, Jesús tomó en sus manos la copa y dijo: -Esta copa de vino es mi sangre. Con ella, Dios hace un nuevo compromiso con ustedes. Cada vez que beban de esta copa, acuérdense de mí. -Así que, cada vez que ustedes comen de ese pan, o beben de esa copa, anuncian la muerte del Señor Jesús hasta el día en que él vuelva.*

Jesús quiere que tú te acuerdes constantemente de lo que Él ha hecho por ti. Recordar tu pasado no es para lamentarte de lo que una vez viviste, es para celebrar que tu realidad presente es otra muy distinta a tu pasado. ¿Puedes ver cómo Jesús pide este recordatorio con una cena? Jesús estaba teniendo su última comida con sus discípulos antes de ir a la cruz. Lo que para algunos ya era la antesala de la tristeza y dolor se convirtió en la celebración más grande de la historia de la humanidad. Ese banquete puede ser constante en tu vida, siempre que mantengas esta actitud de vivir en agradecimiento de lo que Él hizo por ti y lo que te ha dado y sigue dando día con día.

Tienes con eso las dos razones más grandes de celebración que puedes tener: estás viva, y tienes a Cristo. Lo demás es ganancia. Lo mejor de eso es que esas ganancias no paran. Dios no se conformó con darte vida eterna y vida en abundancia, sino que todos los días renueva su favor sobre tu vida, y todos los días te colma, te llena de bendiciones. ¿Qué más necesitas para celebrar? ¿Qué más necesitas para estar agradecida?

A mí me gusta la actitud de David, el salmista, rey de Israel. David, aún en sus momentos más difíciles supo reconocer que a pesar de la prueba, a pesar de la adversidad seguía teniendo motivos suficientes para celebrar y estar alegre.

Llegó un momento en la vida de David en que lo que estaba viviendo era tan pesado, tan difícil que él se dio cuenta que para salir de esta situación él necesitaba levantar su ánimo y motivarse a sí mismo. ¿Sabes cómo lo hizo? Recordó lo que Dios había hecho por él en el pasado, y que sabía que seguiría haciendo. En el Salmo 103:1-5 (NVI) David dice:

> *Alaba, alma mía, al Señor; alabe todo mi ser su santo nombre. Alaba, alma mía, al Señor, y no olvides ninguno de sus beneficios. Él perdona todos tus pecados y sana todas tus dolencias; él rescata tu vida del sepulcro y te*

*cubre de amor y compasión; él colma de bienes tu vida y*
*te rejuvenece como a las águilas.*

David, en el momento más profundo de su vida le habló a
su ser interior y le dijo: "tú no puedes olvidarte de lo que Dios
ha hecho". Yo sé que hay momentos en que tus motivos pare-
cieran más de luto que de celebración, pero creo que son esos
los mejores momentos para que tú te levantes y digas: "Sabes
qué, emociones mías, pensamientos míos, yo sé que las cosas
no se ven bien, yo sé que esto se siente mal, yo sé que quisieras
estar en la cama todo el día llorando y lamentando tu situación. Pero si no puedo tener la expectativa suficiente para creer
en un mejor futuro, al menos voy a celebrar y dar gracias a
Dios por lo que Él ha hecho por mí en el pasado".

Quiero cerrar este capítulo haciéndote una invitación.
Quiero invitarte a que celebres todas las cosas buenas que
Dios ha hecho por ti en el pasado. Celebra tu familia, aún si no
es la mejor. Celebra tu trabajo, aún si no es el mejor. Celebra
tu cuerpo, aún si no es el mejor. Y celébrate a ti misma, aunque
sientas que te falta camino. Tienes mucho para celebrar ya,
mucho que Dios ha hecho por ti. Yo te invito a que lo celebres todo, y te aseguro que una vez que comiences esta fiesta
de celebración aún por lo que consideras las victorias de ayer,
la celebración continuará y en aumento. Empieza celebrando
con eso, y verás que, así como las malas actitudes se pegan, las
buenas, como la celebración y la alegría se pegan más.

# 7

# CELEBRA A TODOS

Dios hizo la vida para ser compartida. Cuando Dios te creó, te puso en una familia. Dios también te estableció en un lugar, y en ese lugar hay otras personas también creadas por Dios. En diferentes momentos de tu vida vas a tener personas puestas a tu lado para caminar contigo, compartir contigo, reír, llorar, soñar y trabajar en conjunto. Parte del plan divino es que te establezcas en una iglesia donde puedas compartir con otras personas que piensan parecido a ti, que busquen lo mismo que tú buscas, y que adoran a Dios en unidad.

La vida cristiana es hermosa, pero la vida cristiana en comunidad es la mejor experiencia que puedes vivir estando en el evangelio. Sin embargo, me he dado cuenta de que, para muchas personas en el cuerpo de Cristo, la experiencia en comunidad no se parece mucho a una celebración o un banquete. Y yo creo que esto es algo que tú y yo debemos realmente transformar en nosotras para que podamos transmitir esta experiencia de alegría y amor a otras personas que, al igual que tú y yo, necesitan vivir la plenitud del poder de Cristo Jesús en sus vidas.

Quiero dividir este capítulo en 2 partes. En la primera parte quisiera que hablemos acerca de 3 aguafiestas que muchas veces se hacen presentes en la celebración de la vida a nivel social o colectiva. Si recuerdas, en el capítulo 4 vimos acerca de 3 aguafiestas que te obstaculizan de celebrar todo lo bueno que viene a tu vida. Pero en este capítulo quiero introducirte a 3 nuevos aguafiestas que intervienen y limitan cualquier celebración en comunidad, en tu vida con otras personas.

Hago la aclaración que estos aguafiestas no se hacen presentes solo en la comunidad de la iglesia, sino en cualquier interacción que tengas con otras personas. Puede ser con tus amistades, con tus vecinos, con tus familiares; en cualquier ámbito social de tu vida.

Para la segunda parte de este capítulo quiero que hablemos acerca de algunos beneficios de celebrar con otras personas. Si los aguafiestas pueden causar estragos en la vida en comunidad, cuando tú celebras a otras personas puedes lograr grandes beneficios que son vitales para bendecir la vida de aquellas personas cercanas a ti y la tuya misma.

Si tú pensabas que celebrar tu vida era solo para mejorar en el ámbito personal - lo cual ya sería suficiente- la realidad es que puedes llevar esos beneficios mucho más allá de lo que podrías incluso imaginarte. Recuerda que las actitudes son contagiosas, se aprenden; y con tu actitud alegre, festiva y de celebración puedes contagiar a muchas otras personas con esa experiencia tan sanadora y refrescante que tú tienes en tu diario vivir.

De algo puedes estar segura: mucha gente no es feliz. El mundo no es un lugar bonito para muchas personas, y tú puedes ser una fuente de transformación para aquellas personas con las que tienes contacto. Pero antes de entrar en estos dos importantes temas, quiero compartir contigo una idea que es fundamental acerca de la vida comunitaria para todo creyente, hijo de Dios.

Hay algo importante que no puedes perder de vista: tú y yo somos las llamadas a anunciar las buenas nuevas de salvación a un mundo perdido y sin esperanza. Te pregunto: ¿Cuál crees que debe ser la apariencia de una portadora de buenas nuevas? Alguien cuyo propósito principal es ser el reflejo de Cristo Jesús, su posición debe ser una que realmente muestre a las demás personas lo que es experimentar en su vida la transformación del poder de Dios.

El otro día entré a una tienda simplemente a ver. La verdad es que tenía un poco de tiempo disponible en lo que estaba esperando a una persona con la que me tenía que reunir, y entré a una tienda simplemente a pasar ese tiempo y ver si encontraba algo que me llamara la atención. Cuando entré y saludé a la muchacha que atendía esta tienda, percibí un poco de seriedad o indiferencia de su parte, pero no le presté atención. Yo estaba en lo mío y continué con lo que venía a hacer. En cierto momento le pedí a la muchacha que me enseñara un artículo que tenían en un aparador. Casi en silencio, la dependiente me muestra el objeto que le pedí, yo lo vi y se lo entregué nuevamente. Ocurre lo mismo con otro artículo que captó mi atención y se repite el proceso. Cuando le pido el tercer artículo, la dependiente me mira y me dice: "Decídete por cuál quieres para no estar mostrándote todo." No te puedo mentir que en el momento se me quiso levantar la vieja mujer, pero gracias a Dios me contuve, y le respondí: "Solo este y ya no veo más". La verdad es que luego de ese trato que recibí decidí no comprar nada.

Pero el punto al que quiero llegar es este: tú y yo tenemos algo grandioso que ofrecer. No es un artículo de mercadería, un bien o un servicio, es una decisión. Tú y yo estamos sobre esta tierra para ofrecerle al mundo una vida transformada por la Palabra de Dios y el evangelio que nos salvó a ti y a mí. Lo interesante de esto es que las personas que más necesitan de esta experiencia en Cristo ni siquiera saben que la necesitan. No son realmente conscientes del vacío que tienen por Dios y su Palabra.

Sin embargo, lo que he visto vez tras vez es que cuando las personas miran a un hombre, una mujer transformada por Dios, viviendo una vida en abundancia y miran la manera en que se conducen y se enfrentan a las situaciones adversas de la vida, la respuesta casi siempre es la misma: "yo necesito eso que tú tienes". Cuando tu vida es una vida de celebración, de gozo, de alegría, aún en medio de los eventos más desgarradores de la vida, tu actitud de celebración y de esperanza de repente brilla sobre ellos y pone en evidencia la oscuridad que hay en sus propias vidas, y es cuando tú te conviertes en una fuente de celebración para otros.

Verás más adelante en este capítulo que tu celebración no es solo en beneficio tuyo, aunque en su mayoría lo es. Pero tu celebración se convierte también en un gran beneficio para aquellas personas que tienen la bendición de tenerte en sus vidas. Tú puedes ser un puente que permita que otras personas entren a una vida de abundancia en Cristo Jesús y experimenten realmente una verdadera fiesta en todo su ser.

Creo que esto es uno de los factores que más debes tomar en cuenta todos los días de tu vida cuando te relacionas con las personas: ellos te están viendo, y cuando lo que tú reflejas es bueno, es agradable y atractivo, ellos también lo van a querer.

## AGUAFIESTAS COLECTIVAS

Lamentablemente no todas las personas tienen cuidado de este factor. A mucha gente se les olvida que son luz, y a veces su vida se vuelve más tenue y opacada. Hay personas que les cuesta relacionarse con otras, y esto puede ser un obstáculo cuando se trata de reflejar a los demás la luz que llevas dentro de ti. Hablo en este momento de la luz del evangelio, pero no solo esa luz -que por supuesto es la más importante.

Pero también está la luz que tú irradias como persona, tu brillo de alegría, de felicidad, de vivir bien en todas las áreas que componen tu existencia. Hay personas que no logran ver tu belleza interior no porque no quieran, sino porque hay a veces algunas actitudes en tu vida, como en algún momento sucede en todas, que no permiten que esas buenas actitudes sean un reflejo para ellas.

Así como hablé anteriormente de los aguafiestas de tu celebración personal, también existen aguafiestas de las celebraciones colectivas, esto es, aquella parte de tu vida que compartes con otros. Me gustaría que veamos por un momento cada uno de estos aguafiestas y cómo operan en tu vida social.

1.  Egoísmo

Hay personas que les cuesta compartir. Es curioso que al expresar esa frase quizás a muchas las remita a un niño con un juguete. Qué difícil se les hace a los niños compartir lo que tienen. Cuando un niño está con un juguete en su poder, es prácticamente toda una odisea lograr que el niño le dé a otro niño eso que tiene.

La realidad es que el egoísmo es una cualidad muy humana, muy propia de los seres humanos. Al niño se le tiene que enseñar a compartir lo que tiene. De lo contrario, se sentirá amo y señor de todas las cosas. Pero me doy cuenta de que aún hay adultos que mantienen esta misma cualidad. Hay personas ya grandes, que tú consideras maduras, que presentan la misma dificultad para dar a otros de lo que tienen.

Lo que me llama la atención con los niños es que eso que tienen, ese juguete, su cama, su ropa, no fue algo que consiguieron ellos con su propio esfuerzo y trabajo. Es algo que les ha sido dado. Un niño no puede adquirir cosas por sí mismo, necesita de otra persona que se las dé, ya sea sus padres, sus hermanos mayores, demás familiares. La única manera en que un niño pueda tener posesiones es porque alguien se los dio. Aun así, el niño tiende a ser egoísta con sus cosas, poco sabe que lo que tiene no fue por sus propios méritos y esfuerzos.

Pero es interesante que lo mismo sucede con nosotros, los adultos. Hay cosas que a las personas les es difícil compartir con los demás, pero si lo miras con cuidado, esas cosas no serían tuyas si no fuera porque las recibiste de alguien más. Tu propia vida. Tú no te creaste a ti misma, tu tiempo, tu cuerpo, tus fuerzas. Nada de eso proviene de ti. Y si llevamos este punto un poco más profundo, aún las cosas que adquiriste con tu esfuerzo no son totalmente tuyas tampoco. Hay cosas que Dios pone en tu vida que son para compartir con los demás, para dar a los demás. Cuando llevas tiempo en el evangelio y en el ministerio te das cuenta de que poco de lo que tienes es realmente tuyo, mucho es para dar a los demás.

Pero muchas personas obstaculizan su oportunidad para ser luz y transmitir alegría y gozo a los que están a su alrededor porque tienen la falsa ilusión de que todo lo que tienen es para ellos solamente. Quiero que sepas que la razón por la que tú tienes de más es para que des más. Tu felicidad no es solo para ti, es para que la puedas compartir con otros. Claro que hay cosas que son para ti, pero aún eso que es para ti lo puedes dar. Lo más hermoso de eso es que cuando eso sucede y tú das aún de lo tuyo, recibes más que lo que tenías antes de dar.

2. Envidia

Me resulta curioso que generalmente hablamos de actitudes como estas que te estoy hablando y la mayoría de las personas de primera entrada niegan que las tengan. Casi nadie reconocería ser una persona envidiosa, pero la realidad es que hay momentos en que nuestras emociones nos traicionan. Hay momentos en que nos dejamos llevar por pensamientos que no son del todo beneficiosas y esto puede repercutir en que terminemos con una actitud de envidia hacia otras personas.

La envidia se genera, generalmente, cuando tú ves algo en otra persona que te das cuenta de que no está en ti, o que tú no tienes. La envidia surge a raíz de que sientes que falta algo en tu vida y terminas viendo eso en otra persona.

Es una actitud peligrosa porque lo primero que hace es generar en ti una forma de rechazo hacia la persona que tú ves que tiene eso que quieres. Pero es interesante porque muchas veces no es que la persona tenga eso realmente, sino que puede ser más una ilusión tuya, una imaginación de tu mente. La envidia sigue, a final de cuentas, la misma ruta de la insatisfacción. Viene del deseo de querer cosas que no tienes y piensas que necesitas, pero va más allá porque te lleva a sentir algo inadecuado en contra de esa persona que tiene eso que quieres.

El verdadero problema con la envidia no es solamente que te provoque sentimientos negativos hacia otras personas, sino que crea una división en tu mente contra la persona a quien le tienes envidia, y esa división hace que no puedas celebrar los logros de la otra persona, así como las cosas buenas que la persona haga o tenga. Desde esta división tu relación con la otra persona se vuelve en cierta manera fingida y hasta forzada. Altera la naturalidad de la interacción.

### 3. Orgullo

El orgullo es una actitud peligrosa que hace que te sientas superior a los demás. Cuando tú comienzas a pensar que solo tú eres importante y que tus cosas son las únicas que tienen validez dentro de tu vida, les restas valor a las relaciones que tienes a tu alrededor.

El orgullo te lleva a crear una vida solitaria. Lo irónico de esto es que tú puedes vivir una vida solitaria y estar siempre rodeada de personas. La soledad no es simplemente no tener la cercanía de una persona. La soledad es no permitir que las demás personas entren a tu vida. Desde el orgullo tú creas la idea en tu mente de que las demás personas no están a tu altura y que tú no necesitas de ellas en tu vida.

Si lees con atención la Biblia te das cuenta de que Dios nunca intencionó que el ser humano viviera solo, todo lo contrario. Desde la creación del hombre Dios dijo (Génesis 2:18): *"No es bueno que el hombre esté solo"*. Y de ahí en adelante tú siempre ves al ser humano haciendo su vida en compañía de otras personas. Primero, desde la relación matrimonial y familiar, luego con relaciones de amistad y grupos sociales.

El orgullo no permite que te acerques a las demás personas desde una posición de igualdad, sino que te mantiene alejada de ellas y te roba la alegría de celebrar la vida en comunidad.

Estos 3 aguafiestas son tremendos. Lo más alarmante de ellos es que llegan sin avisar y pueden estar en tu vida y pasar totalmente desapercibidos por ti, y quizás por las personas que están a tu alrededor. Es importante que tengas cuidado de ellos y si llegas a percibir la señal más pequeña de que alguno está haciendo mella en ti, debes tomar acción de manera inmediata para quitarlo de raíz de tu vida.

## EL BANQUETE DE CELEBRAR A OTROS

Tú tienes una bendición incomparable en tu vida y quizás nunca lo habías visto como la bendición que realmente es: tú tienes el regalo de tener otras personas en tu vida. Cuando alejas de tu vida estos aguafiestas colectivos es como si quitaras cualquier obstáculo que te permite realmente vivir en amor y compañerismo con otras personas.

Si hay algo que muchas veces las personas pierden de vista es el valor de cada persona. Me doy cuenta de que a veces a la gente se le olvida de todas las cosas buenas que una persona puede agregar a su vida. La realidad es que cada persona es única. Cada persona fue creada por Dios de manera original y planificada.

Yo creo que hay algo que nunca debes perder de vista: cada persona con la que tú compartes en el día a día, aún esas personas que quizás no sean del todo de tu agrado tienen algo bueno que pueden aportar para ti, y yo creo fielmente que eso es algo que merece ser celebrado. Pero no es solamente que tú seas agradecida por las personas que están en tu círculo social, aunque ya eso es bastante importante. Lo realmente valioso en esto es celebrar a esas personas en sus propias celebraciones personales. Quiero decir que tú te unas a tus amistades, a tus familiares, a tus hermanas de la iglesia cuando alguna está celebrando un triunfo.

No debes olvidar que cada una de nosotras en esta tierra estamos librando nuestras propias batallas y enfrentando a nuestros propios gigantes. Todas, al final pasamos por momentos de prueba. Pero eso quiere decir también que pasamos por momentos de victoria. Y si cada etapa de la vida se debe celebrar, con más razón las etapas de triunfo deben ser celebradas a lo más alto de las posibilidades.

Quiero enumerar para ti algunas cosas que ocurren cuando tú te unes a la celebración de la vida de otras personas. No es solo algo de, como dice la Palabra de Dios, reír con los que ríen y llorar con los que lloran. Hay milagros muy grandes que ocurren como consecuencia indirecta de tú celebrar con otras personas todo lo bueno y lo malo que ocurre en sus vidas.

1.  Les damos valor

Tienes que entender una cosa: las personas tienen valor siempre, celebres tú con ellas o no, las tengas en tu vida o no. El hecho de que tú no celebres con alguien no les quita el valor que tienen. Pero el celebrar a otros es un acto de honra y de reconocimiento. Es como si por medio de tu celebración tú estuvieras diciendo: reconozco lo que has pasado y cuánto te ha costado, y ahora quiero unirme a celebrar contigo lo que tú estás celebrando de tu propia vida.

Celebrar a otros sus victorias, así como sus procesos de prueba es acompañarnos en sus momentos más importantes. Pero para lograr esto es necesario que tú hagas a un lado tus propios intereses y reconozcas y atiendas los intereses de la otra persona. Celebrar a alguien más es darle el valor que merecen. Es decirles: aquí estoy para ti y por ti, quiero compartir este momento contigo y que sea para tu disfrute total y absoluto.

2. Los estimulamos a soñar

Cuando tú reconoces el valor de una persona sucede algo que es realmente inaudito. Honrar a alguien es como si tomaras a esa persona y la pusieras sobre tus hombros y la elevaras por los aires, así como ves en las películas cuando un equipo es ganador y levantan a sus estrellas sobre sus cabezas.

Cuando tú le das importancia a una persona es un estímulo para ella que aumenta su concepto de sí misma, mejora su autoestima, y le hace sentir que puede lograr todas las cosas que se proponga a hacer. ¿A quién no le ha pasado que vas a algún lugar y las personas comienzan a hablar bien de ti o a darte cumplidos sobre tu ropa o sobre algo que hayas hecho? ¿Cómo se siente eso? Da una sensación como si se te infla el pecho y casi sientes que puedes volar.

Celebrar a otros es reforzar su seguridad, y a nadie le viene mal esto. Cuando celebras a otros los impulsas a soñar por más, a creer por más y a seguir trabajando para lograr cualquier cosa que deseen.

3. Celebrar es dar a otros sin quitarte a ti

Celebrar a otros es como transferir a otros de ti. Hay un principio de vida muy importante que no puedes olvidar nunca: tú necesitas de los demás, pero los demás también necesitan de ti.

A veces cometemos el error de pensar que la vida se trata solo de mí. Muchas veces vagamos en nuestros pensamientos pensando solo en: mí, mí, mí, yo, yo, yo, dame, dame, dame. Y se nos va de la vista el hecho de que las personas que están a nuestro alrededor también necesitan de nosotros. La vida en comunidad es una simbiosis. Todos nos podemos beneficiar de todos, y todos podemos aportar para todos. De lo que tú has recibido, con lo que tú has sido bendecida, tú puedes dar a otras personas.

Me impacta la historia de la iglesia primitiva. Una vez que Jesús ascendió al cielo, sus discípulos se dedicaron a predicar el evangelio y las personas que creían en el mensaje de Jesús comenzaban a vivir una relación de cercanía como ninguna otra que puedes encontrar en la Biblia. De hecho, creo que aún en estos tiempos no vemos una unidad tan grande y hermosa como la de los primeros seguidores de Jesús. Mira qué hermosa descripción de un verdadero banquete nos da el pasaje de Hechos 4:32-35:

> *Y la multitud de los que habían creído era de un corazón y un alma; y ninguno decía ser suyo propio nada de lo que poseía, sino que tenían todas las cosas en común. Y con gran poder los apóstoles daban testimonio de la resurrección del Señor Jesús, y abundante gracia era sobre todos ellos. Así que no había entre ellos ningún necesitado; porque todos los que poseían heredades o casas, las vendían, y traían el precio de lo vendido, y lo ponían a*

*los pies de los apóstoles; y se repartía a cada uno según su necesidad.*

El punto que te quiero hablar es que tú tienes mucho que dar a las demás personas, y cuando das estás uniéndote a la celebración de la vida de las demás personas. Pero cuando das, bajo esta perspectiva, tú no estás perdiendo algo ni estás restando lo que tenías. Aunque estás dando, estás recibiendo. Porque celebrar es dar, pero también es recibir. Celebrar a otros es como una celebración del Día de Acción de Gracias. Quizás en tu país no celebran esta festividad estadounidense, pero sí es sabida y reconocida en todo el mundo.

Parte de la tradición del Día de Acción de Gracias es que cada familia o cada persona trae algo a la mesa. Están dando algo de ellos, pero están recibiendo de lo que todas las demás personas dan también. Al celebrar a otros, tú das de ti, pero recibes de lo tuyo y de lo de los demás también. ¡Vaya qué banquete puedes tener cuando celebras a los demás!

4. Celebrar a otros te permite formar parte de algo más grande que tú

Cuando celebras a otros, y celebras con otros, estás abriendo tus puertas a una vida más alegre y gozosa, al entrar a pertenecer a una comunidad. Una vida en comunidad es una vida más grande, más fuerte, más sólida.

Yo soy cien por ciento pro-éxito. Una de las cosas que realmente llena mi corazón y me hace sentir que estoy cumpliendo con mi llamado es empoderar a la mujer. Si has leído cada uno de los libros de la serie *Mujer*, sabrás que el gran propósito de esta serie es que tu mente, tu pensamiento, tus emociones y todo tu ser sean llevados a un estado de convencimiento y seguridad de que tú puedes hacer cualquier cosa que te propongas en la vida. Yo sostengo ese principio, lo vivo, y lo promuevo. Tú sola, con la ayuda de Dios y con trabajo constante y esfuerzo puedes lograr todo lo que quieras, no existen límites. Pero quiero que entiendas algo muy importante: tú sola puedes lograr lo que sea, pero tú, en compañía de otras personas, puedes lograr mucho más.

El poder de la colectividad es ilimitado. Dice Deuteronomio 32:30 que uno, con Dios, hace huir a mil; pero dos, con Dios, hacen huir a diez mil. Tú sola eres fuerte, eres poderosa, eres victoriosa. Pero tú, en compañía de otras personas, eres invencible.

Cuando tú celebras a otros, estás abriendo las puertas a la colectividad, y cuando esa colectividad se une para un objetivo, es invencible. Celebrar a otros es darte la entrada a formar parte de algo más grande que tú.

Mis palabras para tu vida, ahora que estás leyendo este capítulo, son que te des la gran oportunidad de unirte a la celebración de otras personas. Celebra lo tuyo, celébralo en grande. Pero no limites tu celebración a solo lo que ocurre en tu vida. Hay muchas más cosas que celebrar a tu alrededor, y cuando abres tus ojos y miras la vida y las celebraciones de otras personas, comienzas a experimentar una vida de celebración maximizada. Empiezas a darte cuenta de que no hay límites ni obstáculos para celebrar en grande.

# 8

# ¡APRIETA EL BOTÓN!

¿**H**as visto alguna vez una pintura de arte abstracto? Este tipo de arte se caracteriza por ser una representación de formas, figuras y líneas que no tienen una estructura establecida, pero que, desde la perspectiva de cada observador, puede desplegar una imagen determinada o imaginada. Se parece un poco al acto de ver las nubes en el cielo y buscar figuras en ellas. Donde alguien podría ver un conejo, quizás otra persona pueda ver un delfín. En el arte abstracto no hay un guion establecido y básicamente lo único que se necesita es un lienzo en blanco y mucha creatividad.

Si ves una obra de arte abstracto muy de cerca, es probable que lo único que puedas visualizar son diversas formas -sin forma-, colores y en algunos casos ciertas figuras geométricas, todo disperso sobre un lienzo. A veces el arte abstracto parece un rompecabezas que alguien agarró y sacudió fuertemente haciendo que todas las piezas se desordenen. Para la vista esto puede significar un "shock" inicial, ya que los primeros segundos la mente hace el intento de ordenar de alguna manera todas las figuras disparejas y desordenadas que está percibiendo. Basta con hacerte un poco hacia atrás y ver el cuadro desde una posición un poco más distante y podrás comenzar a ver un patrón, una figura en medio de todas esas formas incongruentes.

El arte abstracto usa lo amorfo, o sin forma, para crear una forma. Toma lo incongruente y disparejo y crea un arte.

Creo que la vida guarda ciertas semejanzas con el arte abstracto. Al menos se repite el tema de la irregularidad y en muchos momentos la falta de una figura clara de lo que estás viendo. Hay momentos en la vida en los cuales no estás viendo algo definido. Te sientes de alguna manera entrecortada, dispar y que nada tiene forma en ti ni en tu entorno. Hay momentos en la vida que son difíciles de explicar y a veces, hasta difíciles de aceptar.

Quizás tú misma has llegado a sentir como si de repente alguien te tomara esa sensación de "vida perfecta" y la sacudiera con fuerza haciendo que todas las piezas de tu rompecabezas, que tú tenías en orden, se cambiaran de lugar dejándote sorprendida, sin forma y en desorden.

La vida es irregular. La vida es inesperada. Tú puedes pensar que lo tienes todo estructurado y establecido y de pronto sucede algo que te estremece de arriba a abajo. Pero yo quiero en este capítulo enseñarte cómo tú puedes encontrar una forma en medio de todo este caos que sientes que has tenido a tu alrededor. Y esa forma es como un arte abstracto. Al principio no lo entiendes, al principio no puedes ver nada, pero de un momento a otro empiezas a poner cada cosa en su lugar y puedes disfrutar de una bella obra de arte que alegra cualquier espacio.

## MOMENTOS DONDE NO SE ESPERA

No siempre es fácil encontrar la forma en medio del caos. He visto una y otra vez cómo personas pueden pasar años enteros de su vida en una misma situación, repitiendo los mismos patrones, experimentando las mismas vivencias. Tú los visitas hoy y los ves de una manera, los visitas en 5 años y su condición de vida es igual. Los ves 8 años después, y la situación cambió, pero para mal. Nunca hubo una mejoría, nunca hubo un rompimiento.

Interesante que nuestras iglesias están llenas de personas en esta misma condición. Tú las ves domingo a domingo llenas de fe, con expectativa, alegres, con la esperanza de algún día ver un milagro en sus vidas. Lamentablemente hay casos en los que ese milagro nunca llega.

Me pongo a pensar un poco las canciones de antaño en los servicios de nuestros abuelos. Canciones como "Cuando allá se pase lista", "Más allá del Sol", "Cuan hermosa será la mañana". Muchos de los himnos y canciones de nuestros abuelos tenían este común denominador de la idea de que todo se arreglará cuando estemos en el cielo. "Canciones de escape" las llamaba un pastor amigo de nosotros. "Acá en la tierra no, pero en el cielo sí". Y lo que me doy cuenta es que muchas personas hasta llegan a perder la esperanza de que haya un cambio en su situación de vida.

Pero hay algo que yo he aprendido y he podido experimentar: hay momentos en donde esperar no es la respuesta correcta. Hay momentos en los cuales tienes que actuar en fe y dar pasos -a veces a ciegas- pero creyendo que algo nuevo va a venir a tu vida. Pero ese "algo nuevo" no va a venir hasta que tú hagas algo de tu parte para que suceda algo diferente.

Yo creo que en la mayoría de las situaciones por las que tú pasas en la vida, tú puedes tener fe -y debes tenerla-, puedes y debes orar y creerle a Dios y levantarte sobre su Palabra, pero lo que no puedes hacer es sentarte a esperar a que ocurra el milagro. Yo creo que la mayoría de las veces el milagro va a venir cuando tú haces tu parte. Y quiero que sepas: todo milagro tiene una parte que depende de ti. ¿Recuerdas a la mujer del flujo de sangre? Había gastado todo su dinero en médicos, había intentado hasta la última opción y había fracasado en su intento. Pero cuando ella escuchó que Jesús iba a pasar por ahí, se fue como pudo, hasta teniendo que arrastrarse en el suelo para llegar a donde estaba su milagro.

Si ella se hubiera quedado donde estaba, lejos de la multitud, lejos de Jesús, ella quizás no hubiera recibido su milagro. Y ahí cerca estaba Jesús. El Sanador igual iba a pasar por ahí, pero de haberse quedado ella donde estaba, en ese lugar de lamento, en ese lugar de repetición, de estar siempre en la misma condición, triste y angustiada, literalmente desangrándose, probablemente no hubiera recibido su milagro. Ella hizo que su milagro se produjera. Jesús ni se había dado cuenta de lo que estaba pasando.

¿Recuerdas las palabras de Jesús? Veamos por un momento el relato de estos acontecimientos. Lucas 8:45-47 (NVI):

> —¿Quién me ha tocado? —preguntó Jesús. Como todos negaban haberlo tocado, Pedro le dijo: —Maestro, son multitudes las que te aprietan y te oprimen. —No, alguien me ha tocado —replicó Jesús—; yo sé que de mí ha salido poder. La mujer, al ver que no podía pasar inadvertida, se acercó temblando y se arrojó a sus pies. En presencia de toda la gente, contó por qué lo había tocado y cómo había sido sanada al instante.

Esta mujer, cuyo nombre no sabemos, logró lo que ninguna otra persona en ese gentío había logrado, recibió su milagro. La Biblia no lo dice, pero puedo estar segura de que ella no era la única persona en medio de esa multitud que tenía una necesidad. No tengo duda alguna de que muchas personas en ese mismo lugar necesitaban ser sanados, pero solo una persona obtuvo su milagro. ¿Quién fue? La persona que había intentado todo y nunca lo obtuvo. Y un día cuando Jesús pasaba cerca de donde ella estaba, ella fue y recorrió el tramo adicional hasta llegar a Jesús.

El mensaje que quiero que entiendas es que muchas veces la sanidad no va a venir a tu vida; hay veces en que tú tienes que ir donde está tu milagro. Y el milagro siempre está cerca, pero Dios espera a que tú te levantes de esa silla de dolor, de tristeza, de lamento y vayas a tocarlo, a hacer que poder salga de Él y te sane.

Cuando miro la situación de muchas personas veo que están como en un limbo, como suspendidas en el aire y el tiempo nada más a la espera de que ocurra algo que cambie sus vidas. Quiero que entiendas que ese "algo" no va a ocurrir por sí solo. Tú haces que ocurra.

En la terapia para personas con depresión, así como personas con falta de motivación, una de las primeras cosas que el terapeuta manda, además de medicamentos cuando lo amerita, es a que la persona se mueva, empiece a hacer algo.

Si estás lidiando con un problema de desmotivación, te falta la motivación para actuar, la gravedad de la desmotivación es que la persona piensa que necesita motivarse para actuar. La realidad es que el problema es justamente que no tiene motivación, y la motivación no va a venir por sí sola. Hay momentos en los que tú no debes esperar por una motivación, sino que debes comenzar a actuar aun cuando no te sientas motivada, y luego de que ya hayas roto el ciclo de la inactividad, verás que paulatinamente volverá esa motivación.

Debes entender que, para la mayoría de las circunstancias de tu vida, esperar no va a ser la mejor alternativa. Al menos no una espera estática, casi inerte. La gente confunde esperar en Dios con no hacer nada. Esperar en Dios muchas veces significa estar muy activa en tus cosas mientras que Dios te lleve a ese momento de rompimiento.

Moisés tuvo que esperar 40 años desde que Dios lo llamó para que se cumpliera su propósito de liberar al pueblo de Israel de la esclavitud egipcia. Pero esa espera no fue vagando. Moisés se preparó, trabajó, se casó, se acercó a Dios.

David fue ungido para ser rey de Israel y tuvo que esperar años para que se cumpliera su promesa. Pero esa espera tampoco fue vagando. David trabajó, cuidó ovejas, se preparó, se acercó a Dios y hasta mató gigantes.

Al principio quizás tu vida parezca un rompecabezas desarmado, pero no esperes a que alguien venga a armar tus piezas. Ármalas tú y empieza a ver cómo esa imagen de tu propósito comienza a darse, y más temprano que tarde empezarás a celebrar los milagros grandes y pequeños que comenzarán a ocurrir cuando tú te atreves a dejar de esperar y comenzar a actuar.

## DECIDIR POR UN CAMBIO PARA CELEBRAR

Los cambios van a venir a tu vida cuando tú tomes la decisión de cambiar. Si hay algo que he querido transmitir a lo largo de estas páginas es que celebrar no es un suceso, es una decisión. Tú decides comenzar a celebrar tu vida sin importar la situación en la que te encuentres.

Hay un milagro que está esperando por ti. Ese milagro que tú has estado esperando realmente ocurre al revés, él está esperando por ti. El problema que ocurre en muchas personas cuando quieren un cambio es que quieren el cambio, pero no lo quieren lo suficiente como para que les cueste. Pero debes saber que ningún cambio es gratis, así como no siempre los milagros son gratis. Hay milagros que van a ocurrir solo cuando tú tomes la decisión de hacer algo por ellos.

Las personas me piden todo el tiempo que ore por ellas, y por supuesto que yo voy a orar por cualquier persona que me lo pida, pero hay momentos en que una persona me cuenta su historia de vida y me pide que ore, pero cuando escucho su historia lo único que veo es que la persona ha estado haciendo todo lo necesario para que el milagro no ocurra. ¿Cuál es el milagro que tú estás esperando? ¿Cuál es ese paso que quieres celebrar? Bueno, es hora de que empieces a pensar en cuál es ese cambio que tú debes hacer para alcanzar ese milagro y celebrarlo en tu vida.

El ser humano, la mayoría de las veces, ve con malos ojos los cambios. Y yo entiendo que un cambio puede ser incómodo, puede ser desconcertante, y puede dar miedo. Pero los cambios también refrescan. Los cambios también traen renovación. Cuando una empresa ha pasado por un proceso difícil o se ha topado con un período de estancamiento, una de las primeras cosas por las que apuesta es por un cambio de imagen, de presentación. En algunos casos buscan la renovación de ciertos departamentos. Pero los empresarios y dueños de negocios entienden que los cambios se tienen que dar en la vida.

Cuando tú no decides por un cambio, un cambio va a decidir por ti. Quiero que tengas eso presente. Hay momentos en los cuales tú necesitas hacer un cambio y no lo haces.

Pero cuando tú postergas un cambio, esa situación que apremiaba un cambio igual va a cambiar, pero cambiará sin que tú hayas mediado en ese cambio, y como tú no te involucraste en ese cambio, muchas veces el cambio ocurre sin control. Es ahí cuando llegan los problemas.

Todos los años los precios de la canasta básica suben, ¿sabías eso? Eso se llama inflación. La inflación ocurre constantemente todo el tiempo. Cada vez tú te ves obligada a gastar más dinero para comprar los mismos productos que consumes. La gente se queja todo el tiempo de que el dinero no les alcanza, y yo en mi mente los cuestiono: si tú sabes que todos los años vas a terminar tu mes con menos dinero o con menos compras, ¿qué estás haciendo para generar más dinero? La respuesta es que la mayoría de las personas no hacen nada diferente para tener más ingresos económicos, solo se quejan más y más.

Hasta que tú hagas un cambio en tu vida de buscar más medios para generar dinero, seguirás teniendo el mismo problema de que cada mes que pasa tu salario te rinde menos.

## DECIDIR ES PODER

Lo único que falta es una decisión de tu parte, y luego que respaldes esa decisión con una acción. ¿Te ha pasado alguna vez que estás contemplando hacer algo, pero lo dudas o te da miedo porque piensas que no lo podrás hacer, o que te va a ser difícil, pero luego lo haces y te das cuenta de que no fue tan duro como lo habías pensado?

A veces tu perspectiva de las cosas, o tus miedos sobre lo desconocido puede engañar tu mente y hacer que las situaciones que estás enfrentando parezcan más grandes y temerarias que lo que realmente son.

Escuchaba el otro día a una persona contar una historia de una vez que estaba haciendo una caminata en montaña con un grupo. Por alguna razón, sin ser guía, él iba de primero en la fila de caminantes y esta persona contaba que llegaron a un punto en el que tenía que subir una pendiente tan empinada que parecía una pared más alta que su propia estatura. Comentaba que cuando iba subiendo se le hizo muy eterna la escalada, pensaba que eran quizás unos 2.5-3 metros de altura, y que su miedo a las alturas le hizo sentir que se iba a desmayar y le temblaban las piernas. Como iba de primero en la fila ya no tenía nada más que hacer que seguir hacia arriba, ya no se podía devolver porque había alguien debajo de él.

Contaba en su relato que al regresar tuvieron que bajar por el mismo camino y que cuando llegó a este punto de esta pared se dio cuenta que era mucho más pequeña que lo que le había parecido cuando iba en ascenso.

Cuando tú decidas hacer el cambio te vas a llevar la agradable sorpresa de que lo vas a poder hacer. Eso no quiere decir que vaya a ser fácil, no quiere decir que va a ser sin un costo, pero sí significa que va a ser posible.

Decidir es poder, y poder es celebrar. Graba eso en tu mente.

Cuando tú decidas, puedes. Y cuando puedas, celebra.

## DECIDE DESCONECTARTE DE LO QUE TE ATA

Cualquier situación que nuble tu vista, que no te permita hacer cambios, es una situación de la cual debes desconectarte.

Hay pasos en la vida que requieren de medidas extremas. En tu vida te vas a enfrentar con metas que van a requerir de ti que tomes decisiones drásticas y radicales.

A veces debes dejar atrás ciertas personas, ciertas actividades, algunas costumbres. Hay momentos en los cuales tienes que desconectarte de cualquier cosa que te impida o retrase alcanzar tus metas. Es cierto que en el camino que lleva a tu celebración encontrarás obstáculos y contratiempos externos, pero yo me he dado cuenta de que la mayoría de los obstáculos que enfrentarás a lo largo del camino son tuyos.

En Lucas 5 la Biblia nos describe el momento en que Jesús llama a Pedro y a otros discípulos al ministerio. Quizás ya has escuchado o leído la historia. Si no, te la resumo en pocas palabras.

Pedro, un pescador local, había salido con su grupo de pesca como era de costumbre entre la noche. Habían trabajado toda la noche y cuando llegó el alba no habían logrado capturar ningún pez. Ya cansados y listos para descansar, se van a la orilla a limpiar y guardar sus redes, cuando de repente se acerca Jesús y les hace una propuesta inusual. Les dice que entren de nuevo al agua y que lancen sus redes al otro lado. Curioso que Pedro obedeciera, pero lo hizo. Cuando echaron las redes comenzaron a llenarse al punto que la Biblia dice que las redes se rompían por el peso que cargaban. Luego de eso

Jesús los invita a que le sigan y empiecen a hacer la obra del ministerio. Ellos nuevamente obedecen a la petición de Jesús y le siguieron.

Pocas veces nos ponemos a pensar realmente en lo que implica lograr una meta. De hecho, la mayoría de las veces la gente no se percata realmente del gran esfuerzo que hacen al buscar lograr algo. Pero los esfuerzos son realmente grandes. Aquel día Pedro experimentó un gran milagro: sus redes se llenaron de peces luego de horas de intentos fracasados. Pero yo creo que el verdadero milagro que experimentó Pedro se encuentra en Lucas 5: 11 cuando la Biblia dice: *"Dejándolo todo, le siguieron."*

La experiencia sobre la barca fue grande, pero fue un milagro pasajero. Al vender esos peces hubieran tenido que regresar al mar y seguir teniendo noches en vela pescando. Quién sabe cuántas noches más sin atrapar peces. Pero ese día Pedro pasó por un milagro que cambió realmente su vida: pasó de ser un hombre de pesca a ser un discípulo de Jesús. Pero ese milagro más grande le costó algo más que desvelarse toda una noche y entrar nuevamente al mar: tuvo que dejar toda su vida previa atrás.

De igual manera, los milagros más grandes que tú puedes experimentar en tu vida son aquellos en los que tú tomas la decisión de hacer cambios que sean igual de grandes que el milagro que estás esperando.

## DECIDE CONECTARTE A LO QUE TE IMPULSA

Sin embargo, no se trata solo de dejar atrás lo que te ata, sino que te conectes a lo que te hace crecer. Así como hay cosas que te alejan de tus metas y tus celebraciones, hay cosas que te pueden acercar a ellas.

El éxito en la vida no se trata de cortar con todo, sino de saber con qué cortar. Pero también tienes que tener en cuenta que hay algunas cosas o personas que pueden impulsar tu crecimiento. ¿Cuáles son esas cosas que te ayudan a acercarte más a tus metas? ¿Las tienes presentes?

Llega el momento en la vida en el que tienes que comenzar a evaluar los pasos que das, las cosas que haces y las personas con las que te unes. Vas a encontrar que hay personas que te hacen crecer, que te ministran, que te inspiran a soñar, y siembran semillas que te hacen cosechar frutos.

Si algo he aprendido en mi vida es que cuando tú te unes con las personas correctas, tu vida mejora. Me he dado cuenta de que muchas veces el éxito en tu vida estará ligado a las personas con las que tú caminas. No que necesites plenamente de ellos, pero sí debes saber que hay personas que te pueden beneficiar bastante. Solo que debes saber elegir bien esas personas que tienes cerca de ti.

Dice el motivador y Coach Jim Rohn que tú eres la suma de las 5 personas con las que más andas. Quiero que pienses en eso por un momento. ¿Cuáles son las 5 personas con las que tú pasas más tiempo? Pues tú te vas convirtiendo poco a poco en la suma de esas personas. Ellas van moldeando tu carácter, tu forma de pensar, tu manera de ver la vida, de ver las cosas a tu alrededor, y tus acciones. Es por eso por lo que es tan importante que te tomes el tiempo y el cuidado de elegir muy bien esas personas con las que te conectas con frecuencia.

Debes saber que conectarte no es solo que tú te beneficies de las otras personas, sino que puedas también aportar a la vida de otros. Recuerda que la celebración que buscas es un banquete, donde hay una experiencia compartida. Si vas a quitar personas que te limitan y te alejan de tus metas, procura acercarte a personas que te ayudan a llegar a esas metas.

Conéctate con personas buenas, ideas buenas, prácticas buenas. Aquello con lo que te conectas determina tu crecimiento y tu celebración.

Tu banquete de celebración podría estar a tan solo un botón de distancia. ¡Aprieta el botón y comienza la mayor celebración de tu vida: tu vida misma!

**9**

# CELEBRAR ES LA ANTESALA PARA SOÑAR

### DIOS CIERRA PUERTAS

Hay momentos en tu vida en los que Dios cierra una puerta, y abre otra. Pero hay un lapso entre el cual la primera puerta se cierra y la segunda puerta se abre, que tú quedas en el pasillo. ¿Qué se hace cuando estás en el pasillo? ¿Cuál debe de ser tu actitud y tu comportamiento cuando estás en ese intermedio de algo?

¿Cuántas veces has querido algo con todas tus fuerzas, y por más que lo intentas, no logras obtener lo que quieres?

A nadie le gusta que le digan que no. Un "no" a muchas personas las devuelve a su niñez, hace que se sientan frustradas, en algunos casos hasta incompetentes. Cuánto miedo le tienen las personas a un "no", sin embargo, es una de las palabras que más escuchamos desde que tenemos memoria. He visto personas que se rehúsan a hacer cosas porque piensan que al final eso que van a hacer les va a ser negado.

He notado que las personas le temen tanto a un "no" que ese temor hasta se ha infiltrado en nuestras iglesias. Todo el mundo habla de puertas abiertas, y cielos abiertos. Oramos: "Dios abre los cielos sobre mi casa, sobre mi familia". Pero yo me pregunto: ¿Cuántas veces oramos: "Dios, cierra las puertas que tengas que cerrar", ¿"Cierra las puertas que no son tuyas"?

Hay algo que tú debes saber acerca de Dios. Dios abre puertas, pero también las cierra. Muchas veces en tu vida te encontrarás con la realidad de que Dios cerró una puerta para ti; algunas veces lo sabrás y algunas veces ni te habrás dado cuenta de que Dios te cerró una puerta. Yo creo que una puerta cerrada por Dios es uno de los actos de amor más grandes que Dios puede hacer por ti. Dios no cierra una puerta para negarte algo, cierra una puerta para concederte algo mucho mejor.

Un amigo de la familia una vez había comprado un auto de agencia, nuevecito, con cero kilómetros. Estaba muy feliz con su auto. Esta persona no ganaba mal. Tiene un buen trabajo, buen salario y una condición financiera estable. Pero había comprado este auto por medio de un préstamo al banco. Mes a mes pagaba su auto sin ningún contratiempo. Es más, algunas veces hasta pagaba por adelantado y daba abonos extraordinarios.

Aun así, su préstamo era por 8 años. Cinco años después de estar pagando cuotas de su auto, le entró la idea de venderlo. Quería cambiarlo por uno más nuevo. Lo interesante es que lo logró vender rápido y a muy buen precio. Aun así, necesitaba obtener otro préstamo para comprar el auto nuevo. Lo interesante de su historia es que cuando se acercó a los 2 bancos donde él tenía sus cuentas y operaciones, por alguna razón extraña los bancos le comenzaron a poner trabas para prestarle más dinero. Digo extraño porque esta persona tenía un récord crediticio intachable, todos sus créditos los ha pagado siempre con anterioridad y sin faltar uno solo. Nuestro amigo se empezó a poner triste y ansioso. No entendía por qué no le querían prestar dinero para comprar un auto nuevo si por 5 años había pagado responsablemente.

Para no hacer la historia muy larga, estando en el proceso de lidiar con uno de los bancos -esta historia nos la contó él mismo- sintió algo en su corazón, como una voz que le decía "llama a tu amigo tal, y dile que te ayude a buscar un auto". En ese momento pensó: "claro, cómo se me olvidó hablar con fulano de tal, si él siempre está buscando autos en los clasificados". Le habló, y ese mismo día por la tarde tenía 3 opciones de autos que podía comprar sin necesidad de sacar un crédito.

Pero la historia no termina ahí. Al día siguiente fue a ver 2 de las 3 opciones para su futura compra, y resultó que ambas opciones no eran tan buenas como aparentaban. Le quedaba una sola opción, una que no había considerado tanto porque el auto lo tenían en una ciudad algo lejos de donde él vive. Aun así, llamó a la persona que estaba vendiendo este auto y quedaron de verse al día siguiente por la noche. Fue hasta aquella ciudad a ver el auto, y era exactamente el auto que quería, y en unas condiciones como nuevo.

Recuerdo a nuestro amigo contar esta historia con una sonrisa en su rostro, el pecho hinchado de orgullo por su compra, y feliz porque tiene un auto nuevo, mejor que el que tenía antes, y sin tener que pagar una cuota al banco. Él dice que jamás hubiera imaginado que podía tener un carro como ese sin tener que pedir dinero prestado al banco.

Yo no dudo que Dios le cerró la puerta de los bancos a este hombre. Así como le cerró la puerta de las otras 2 opciones de autos. Quizás al principio él no entendía lo que estaba pasando, y se sintió frustrado y triste porque recibía negativa tras negativa. Lo que no estaba pudiendo ver en aquel momento es que él estaba en el pasillo, en la antesala para un "sí" muy grande el cual hoy está celebrando.

Muchas veces nuestra mente humana nos lleva a pensar que cuando Dios cierra una puerta para nosotros es que Dios nos está dando un "no" rotundo a algo. Nuestras emociones nos llevan a sentir esa puerta cerrada como algo malo, casi como un rechazo, cuando más bien esa puerta cerrada te pone en la antesala para algo mucho más grande que lo que estaba detrás de esa puerta que se cerró anteriormente. Una puerta cerrada por Dios no es un NO, sino un SÍ. Un "sí" a tu propósito divino, un sí al plan que Dios propuso para ti aún desde antes que tú nacieras.

Pero a nadie le gusta un "no". A nadie le gusta que le nieguen algo que desean. La verdad de la vida es que muchas veces te vas a enfrentar a un "no", y tienes que saber la mejor manera en la que tú puedes responder ante esa negativa.

## EL ESPEJISMO DEL "NO"

Desde muy temprano en la vida quizás has estado escuchando la expresión "no hagas esto", "no toques esto", "no entres aquí". ¿Recuerdas cuando eras niña, cuántos "no" recibiste? Probablemente más que lo que hubieras querido.

Hay algo que me intriga acerca del comportamiento de los seres humanos, y es que cuando recibimos un "no", muchas veces esa prohibición a algo hace que nos aumente más el interés hacia eso que nos fue negado.

Es como cuando ocurre un accidente en la carretera y las autoridades levantan mamparas o atraviesas sus camiones y ambulancias para que las personas que pasan cerca no vean la escena del accidente. Como bien has podido notar, la gente siempre intenta ver y en muchos casos encuentra la manera de infiltrarse y observar de primera mano lo que está sucediendo.

Cuando un padre o una madre le dicen "no" a su hijo, casi siempre es con la intención de protegerlo de algo que le puede dañar, o de instruirle algún valor o un principio que le puede servir para la vida. Raramente un padre va a negarle a su hijo algo simplemente por hacerlo. La verdad es que casi siempre existe una buena intención detrás de esa prohibición. Pero sucede que el niño no ve, ni entiende esa intención en el momento. Lo único que ese niño puede ver y entender es que "me dijeron que 'no' y yo quiero".

Seguramente te pasó a ti que recuerdas las veces que tus padres te pusieron un límite o te prohibieron algo, y en el momento quizás no lo comprendías, pero ahora de grande miras hacia atrás y entiendes que lo único que estaban haciendo era protegerte de algo, o enseñarte una cosa importante, y hoy día más bien agradeces ese "no". Es posible que ahora uses ese mismo "no" con tus propios hijos, si los tienes.

Lo curioso es que, en nuestra naturaleza humana, cuando recibimos un "no", sucede un hecho bastante interesante y a la vez problemático. Si no tienes cuidado, tu mente juega un truco contigo. Algo como un espejismo. Te lo explico de esta manera:

Cuando tus padres te decían que no a algo, inmediatamente todo lo demás a tu alrededor perdía su esplendor y atractivo, y lo único que venía a tu mente era aquello que te habían prohibido, ¿estoy en lo cierto? Lo más impresionante de esto es que a lo que no tenías acceso, de niña, era muy poco en comparación a lo que sí tenías acceso. Lo que te prohibían tus padres no era nada si lo pones en perspectiva de todo a lo que tenías derecho.

El mismo espejismo puede ocurrir cuando Dios te cierra una puerta. Cuando Dios te dice "no" a algo de repente es como si todo lo demás perdiera su importancia, y te comienzas a ceñir en eso que Dios te cerró la puerta. Y si no somos sensibles a la guianza de Dios, nos quejamos, y hacemos hasta rabietas, y lloramos, y algunas incluso hasta llegan a enojarse con Dios por esa negativa que Dios te dio a algo.

Lo que nuestra terquedad no nos deja ver a veces es que Dios nos dijo que no a una cosa, pero hay una infinidad de cosas más que Dios sí tiene para tu provecho y disfrute.

Esto fue exactamente lo que le pasó a Adán y a Eva en el huerto del Edén. Quiero que leamos juntas esta porción de las Escrituras para que veas cómo opera esta naturaleza humana en nuestra mente y nuestras emociones.

> *Y dijo Dios: "Que haya vegetación sobre la tierra; que ésta produzca hierbas que den semilla, todos según su especie." Y así sucedió. Comenzó a brotar la vegetación; hierbas que dan semilla, y árboles que dan su fruto con semilla, y todos según su especie. Y Dios consideró que esto era bueno.* (Génesis 1:11-12, NVI)

> *También les dijo: "Yo les doy de la tierra todas las plantas que producen semilla y todos los árboles que dan fruto con semilla; todo esto les servirá de alimento.* (Génesis 1:29, NVI)

> *Dios el Señor tomó al hombre y lo puso en el jardín del Edén para que lo cultivara y lo cuidara, y le dio este man-dato: -Puedes comer de todos los árboles del jardín, pero del árbol del conocimiento del bien y del mal no deberás comer. El día que de él comas, ciertamente morirás.* (Génesis 2:15-16, NVI)

Es interesante que Dios le dio a Adán y a Eva todos los árboles y plantas en el jardín. Ellos podían tomar para comer de cientos de especies de plantas y árboles, pero el único árbol que les fue prohibido fue el que se ensañaron en comer. El único árbol que Dios les dijo: no coman de este árbol, fue el árbol que quisieron.

Escuchar un "no" muchas veces hace que nuestra mente nos cree un espejismo y pensamos que son muchas cosas las que nos están siendo negadas, cuando en realidad son muy pocas.

Si ves muy bien tu historia de vida, siempre han sido más los "sí" que has tenido, que los "no". Lamentablemente muchas veces tendemos a centrarnos en esos pocos "no" al punto que perdemos de vista todo el espectro de bendiciones y recursos que tenemos a nuestra disposición.

Tus "sí" siempre van a ser mayores que tus "no", y debes aprender a reconocerlos. Aunque muchos eruditos e historiadores bíblicos tienen aún diferentes posiciones, la mayoría concuerda con el hecho de que hay aproximadamente entre 7.100 y 8.000 promesas en la Biblia desde Génesis hasta Apocalipsis. Y si miras el recuento de las leyes que están en la Biblia, el número exacto de leyes con las que sí hay un consenso común, son 613. ¡613 leyes en comparación con más de 7000 promesas!

Para ponerlo en el lenguaje que hemos venido hablando en este capítulo, son 613 "no" y 7000 "sí". Las negativas no llegan al 10% en contraste con las promesas. Aun así, muchas cristianas piensan más en la ley que en las promesas. ¿Cuántas doctrinas y denominaciones se forman basándose en la ley? ¿Cómo sería la iglesia de Cristo Jesús si basáramos nuestra doctrina y teología más en las promesas de Dios que en su ley? Y no estoy diciendo que debamos desechar la ley, es importante saber los parámetros y lo que Dios espera de nosotras, pero el punto al que quiero llegar es que a veces los cristianos piensan más en la ley que en las promesas.

## VIENDO MÁS ALLÁ DE UN "NO"

Ahora, el problema con esto que te hablo no es el "no" en sí, sino el concepto que manejas con respecto a ese "no". Sí tú miras el "no" como un acto de amor de Dios hacia ti, dejarías de cuestionar por qué Dios está cerrando esa puerta.

La pregunta que quiero que pienses por un momento es: ¿Podrías tú comenzar a ver más allá de ese "no" y comenzar a ver el propósito y la intención de Dios al cerrar esa puerta en tu vida?

¿Podrías dejar de ver solo la negativa que estás recibiendo y comenzar a ver todo lo que Dios está trayendo a tu vida en medio de la situación que estás viviendo?

Si bien es cierto, no puedes pretender que siempre vas a recibir un "sí" de parte de Dios. Hay momentos en que Dios te va a decir "no". Pero tu actitud ante ese "no" no debe ser de cuestionar, quejarte o contradecir a Dios. Tu actitud debería ser una de agradecer a Dios por esa puerta que se cierra y confiar que Dios sabe qué es lo mejor para ti y qué es lo que realmente necesitas en tu vida.

Dice Isaías 55:8-9 (NVI):

> *Porque mis pensamientos no son los de ustedes, ni sus caminos son los míos- afirma el Señor. -Mis caminos y mis pensamientos son más altos que los de ustedes; ¡más altos que los cielos sobre la tierra!*

Llegan momentos en tu vida en los que tienes que aprender a confiar que una puerta cerrada por Dios es la mayor bendición que pudiste recibir en un momento dado. Dios puede ver más allá que lo que te alcanza tu propia vista, y Dios conoce tu futuro aun cuando tú estás apenas intentando entender tu presente. Aún si no puedes ver más allá de ese "no", al menos podrías estar tranquila y en paz de que ese "no" es la respuesta que Dios sabe es la mejor para ti.

## CELEBRAR UN "NO" ES FE

Si lo vemos desde esta perspectiva, ¿no sería bueno entonces celebrar esos "no" de Dios también? Si tú tienes un deseo en tu corazón y Dios le cierra la puerta a ese deseo, eso debería ser más que un motivo de celebración. Quiere decir que lo que Dios tiene para ti, esa puerta que Él te va a abrir será mucho mejor que la que tú estabas esperando y Él cerró.

Celebrar los "no" de Dios es una expresión de tu fe. Deberías estar tranquila cuando Dios te cierra una puerta. No solo te está librando de algo que podría dañarte, está preparándote para algo mayor.

Muchas veces nuestra perspectiva de temporalidad nos hace pensar que las cosas deben ser ya y en este momento. La fe te dice: espera, porque cuando venga lo mejor, será espectacular.

Dios le mostró a José un sueño. Dos sueños, en realidad. y después de que tuvo esos dos sueños pareció como si Dios cerrara todas las puertas posibles para que ese sueño se cumpliera. Sus hermanos, quien debían postrarse ante él lo traicionaron y lo vendieron como esclavo. Su padre, quien era el único que lo amaba realmente pensaba que estaba muerto. Se ve en Egipto trabajando para uno de los hombres más poderosos sobre la tierra y termina en la cárcel por un delito que no cometió. Puerta tras puerta tras puerta y parecía que Dios seguía cerrando todas las posibilidades para que el sueño que Él mismo le había enseñado se cumpliera. Pero llegó el momento en que Dios abrió la puerta. Después de un "no" y otro "no" y otro "no", Dios finalmente dio un "sí", y cuando eso pasó fue mejor que lo que José había soñado.

De la noche a la mañana prácticamente, José lo perdió todo. Perdió a su familia, perdió el regalo más hermoso que había recibido de su padre, y perdió sus sueños. Pero no perdió su fe. José no le renegó a Dios ni se quejó de por qué le estaba pasando tanta cosa mala en la vida. José siguió confiando en que Dios tenía un plan, y que, aunque él no conocía la totalidad de ese plan, algo grande estaba gestionando Dios para más adelante.

Si sus hermanos se hubieran postrado ante él en la casa de su padre, no hubiera sido ni una cuarta parte tan esplendoroso a como fue en el palacio estando José como el segundo hombre más poderoso en el reino.

Lo que te quiero decir es que un "no" de Dios debería ser toda una celebración para ti. Cuando Dios te dice que "no" a algo es porque viene algo mejor.

No digo que esto sea fácil, hay que estar en una crisis para realmente entender por lo que estás pasando. Pero la fe da para eso y mucho más. Piénsalo de esta manera. Si ahora de adulta puedes entender que los límites y la disciplina que te ponían tus padres era para tu propio beneficio, y ahora más bien lo agradeces y lo reproduces con tus propios hijos, ¿no debería pasar lo mismo en tu vida espiritual cuando Dios te dice "no"? ¿No deberías más bien, en lugar de molestarte o frustrarte por lo que no ves pasando, tranquilizar tu alma y decir: "Dios, gracias por este no tuyo?".

Es más, quiero darte la oportunidad de hacerlo ahora mismo. Quiero invitarte a que pienses en aquellas veces en tu vida en las que has sentido un "no" de parte de Dios. Permite que vengan a tu mente por un momento todos esos momentos en que pareciera ser que Dios cerró una puerta para ti y te has visto en un pasillo, donde no sabes hacia dónde dirigirte. Quizás estabas esperando una promoción y no se dio. O tal vez estabas con la esperanza de casarte con una persona y los planes se cancelaron de manera inesperada. Tal vez lo único que recuerdas es ese dolor, esa frustración, esa tristeza por eso que tanto anhelabas y nunca vino. Oro que estas palabras que has leído en este capítulo estén hablando y retumbando fuerte en tu mente y en tu corazón. ¿Qué tal si tomas un momento para hablar con Dios y darle las gracias por ese plan, que, aunque tú tal vez tenías algo distinto en mente, Dios tiene algo mejor?

Permíteme dirigirte en oración. Te invito a que le digas esto al Señor:

"Padre amado, yo te quiero dar gracias por tu plan perfecto para mi vida. Gracias porque tu propósito prevalece para siempre, aún sobre mis deseos temporales. Te doy gracias porque tú tienes un plan de bien para mi vida, y aunque quizás no siempre entienda tus caminos, sé que me llevas por el camino que tú has designado para mí. Gracias por las puertas que has cerrado en mi pasado. Gracias por todos los peligros de los que me has protegido. Gracias por poner siempre en mi camino lo que tú sabes que es mejor para mí. Si en algún momento he renegado contra ti, o me he molestado porque tú cerraste alguna puerta, hoy te pido perdón. Y te pido que sigas cerrando puertas que no son para mí, y que sigas abriendo puertas que sí son para mí. Que yo pueda aprender a descansar en tu plan perfecto para mi vida. Amén".

Qué mejor celebración que la alegría de saber que Dios tiene cuidado de cada uno de los detalles de tu existencia. Qué mejor banquete que estar en paz con la tranquilidad que brinda esa certeza de estar en el plan perfecto de Dios, y que Él está obrando cada cosa, cada situación, y aún los mismos problemas y adversidades para que sean de provecho para ti, que sean para tu bien.

Siendo así, que Dios cierre todas las puertas que quiera cerrar, y cuando lo haga, alza tu voz en celebración y agradecimiento por ese "no" de Dios que está acercándote cada día más a ese "sí" que Él tiene para ti.

# 10

# ¿QUÉ ES LO PRÓXIMO EN TU VIDA?

Una de las ideas centrales que he querido transmitir a lo largo de este libro es que tú no necesitas de los buenos momentos para celebrar, tú puedes celebrar tu vida y ser feliz en cualquier momento en el que te encuentres, sea un tiempo agradable, o un tiempo no tan agradable. Ninguna celebración en tu vida debería ser opacada por ninguna situación momentánea que puedas estar atravesando.

Sin embargo, tú puedes voluntariamente añadir celebraciones a tu vida basadas en logros o éxitos que tú vas realizando. Tú puedes asegurar tus celebraciones pase lo que pase, cuando tus pensamientos y tus acciones son dirigidas hacia un fin determinado.

En este capítulo quiero explorar contigo cómo tú puedes asegurarte vivir una vida de celebración continua en todo momento. Si bien es cierto, hay situaciones que no puedes controlar, hay algunas cosas que ocurren en tu vida en los cuales es muy poco lo que puedes tener asegurado. De hecho, uno de los problemas más frecuentes en las personas es la ansiedad debido a eventos en sus vidas que sienten que no pueden controlar. Existen acontecimientos de los cuales tú no vas a tener el control, y es poco lo que puedes hacer que esté en tus manos. Y no te lo digo para causarte temor, es una realidad. Hay cosas que suceden repentinamente que tú no vas a poder controlar, sino que debes aprender a manejar y sobrellevar.

Por otro lado, hay cosas en la vida que sí puedes controlar. Si bien es cierto que tú no puedes siempre impedir que un error suceda, puedes reducir la probabilidad de que suceda. No siempre podrás evitar plenamente un fracaso, pero puedes disminuir las posibilidades para encontrarte ante un fracaso. Y lo mismo sucede hacia el otro rango de la escala. Tú no puedes asegurar un 100% el éxito, pero puedes aumentar significativamente tus posibilidades de tener éxito.

Pero tú puedes asegurar en su totalidad la probabilidad de celebrar. Eso sí depende plenamente de ti. Y este capítulo lo quiero dedicar a que tú aumentes tu rango de celebración a una certeza absoluta de que va a ocurrir. Y no solo eso, quiero que aprendas cómo puedes facilitarte a ti misma esa mentalidad de celebración. Entiendo que la vida no siempre es fácil, y la verdad es que no tiene por qué serlo, pero también estoy convencida que existen mecanismos que nos pueden ayudar a conseguir ciertos objetivos con más precisión. Y mi objetivo es que tú puedas aprender cómo lograr una celebración continua en tu vida de una mejor manera.

Te quiero llevar a la herramienta más básica que existe en el universo para crear seguridad y ayudarte a construir desde ahí un camino que te pueda llevar a una celebración segura en tu vida, no importa la situación en la que te encuentres actualmente. Aún desde lo que no puedes cambiar, hay mucho que puedes cambiar. Quiero que comiences a abrir tus ojos a toda una ventana de posibilidades en tu vida que no son nuevas, simplemente que no las habías podido ver antes.

## UNA HERRAMIENTA INFALIBLE

*Yo anuncio el fin desde el principio; desde los tiempos antiguos, lo que está por venir. Yo digo: Mi propósito se cumplirá y haré todo lo que deseo.* (Isaías 46:10)

Todas las personas tienen sueños. No me refiero a los sueños que tienes cuando estás dormida por las noches, aunque todas las personas tienen de esos sueños también. Pero todas las personas tienen anhelos en su corazón de algo que quieren tener, o de algo que quisieran lograr. No cabe duda de que tú también tengas sueños. Lo más probable es que tus sueños sean bastante grandes. ¿A quién no le gusta soñar en grande? Quiero que pienses por un momento en 2 sueños que tú tengas. Permite que vengan a tu mente 2 cosas que tú anheles con todo tu corazón. ¿Los tienes?

Si los tienes ya, quiero que te tomes el atrevimiento de anotar esos 2 sueños en estas líneas que tienes a continuación.

2 de mis sueños:

_____

_____

Ahora que lo hiciste, quiero que te quedes mirando por un momento esas palabras que acabas de escribir. Cada una de esas palabras describen y representan tus sueños, al menos dos de ellos.

¿Cómo son esos sueños? ¿Son grandes? ¿Te parecen alcanzables, o, por lo contrario, te parecen que son difíciles de alcanzar? Quiero decirte algo que yo descubrí que me abrió las puertas a una vida entera de celebración y gozo: ¡Casi todos los sueños son alcanzables! Así como lo acabas de leer: pocos son los sueños que no se pueden lograr. ¿Por qué digo que casi? Existen algunos sueños que alguna persona pueda tener que no son factibles o consecuentes con la realidad. Si tú me dices, por ejemplo, mi sueño es volar como los pájaros, sin ningún aparato o máquina que me ayude a volar, ese sueño es muy bonito, pero no es consecuente con la realidad. O quizás otra persona me diga: mi sueño es volver el tiempo atrás. Pues, ese sueño tampoco se puede realizar en la realidad en la que tú y yo vivimos. Pero fuera de esos casos excepcionales donde el sueño no es sustentable con la realidad, todos los sueños se pueden cumplir. Tú puedes cumplir todos tus sueños incluyendo, posiblemente, esos dos que anotaste anteriormente en esos dos renglones.

Ahora, que sean posibles no quiere decir que sean sencillos. Que sean realizables no quiere decir que sean fáciles. Generalmente, entre más grande el sueño que tengas, más grande será el esfuerzo que debas realizar para cumplirlo. Y por supuesto, más grandes serán los desafíos que tengas que enfrentar en el largo camino hacia la realización de esos sueños.

Pero hay una herramienta muy sencilla y efectiva que tú puedes utilizar que te ayudará a aumentar las probabilidades que puedas tener para hacer que ese sueño se vuelva realidad.

Es una herramienta milenaria, que ha existido desde el inicio de los tiempos y que se ha mantenido, en la mayoría de los casos, infalible hasta la actualidad. ¿Quieres saber cuál es? Pues te quiero hablar acerca de ella. Se llama plan.

Sí, el plan es una herramienta milenaria usada por nuestros ancestros, usada por los hombres y mujeres de la antigüedad, y aún desde el momento de la fundación del mundo. Es más, el plan antecede la edad de la tierra. Desde antes que los cielos y la tierra fueron creados, lo primero que se creó fue un plan. Quiero comprobar estas afirmaciones que estoy haciendo con la Palabra de Dios.

Todo lo que tú ves a tu alrededor fue creado basado en un plan, el plan de Dios. Cuando Dios, en el libro del Génesis creó los cielos y la tierra, cada cosa que Él hacía sobre la tierra, y en los cielos, y aún debajo de la tierra debía cumplir ese plan.

Cuando lees el relato de la creación te das cuenta de que cada una de las obras que Dios hacía tenían una razón de ser. No fueron hechas de manera antojadiza, sino que fueron hechas con un orden establecido y con una justificación apropiada. Quiero que veas una porción de este relato, y cuando lo hagas, quiero que prestes atención a lo meticuloso del plan de Dios a la hora de llevar a cabo su creación.

Génesis 1:14-15 dice:

> *Y dijo Dios: "Que haya luces en el firmamento que separen el día de la noche; que sirvan como señales de las estaciones, de los días y de los años, y que brillen en el firmamento para iluminar la tierra".*

Hay tantas cosas que podría decir sobre estos dos versículos únicamente, pero son 3 las que quiero rescatar por el momento. Primero, cuando Dios crea las estrellas, las hace para hacer distinción entre el día y la noche. Es interesante que cuando comienza a caer la tarde, una de las primeras señales que puedes ver en el cielo en muchas ocasiones es que ves brillar una que otra estrella. No ha oscurecido aún, pero si miras con atención, puedes ver que ya hay estrellas que se ven en el firmamento. Dios creó estas estrellas a manera de anuncio que la noche está próxima.

Segundo, Dios crea las estrellas para anunciar el cambio de estaciones también. Debo decir que esto simplemente me hace volar la cabeza. Veamos con detalle este punto: si las estrellas fueron creadas para anunciar las estaciones, eso quiere decir que para este momento las cuatro estaciones del año ya estaban creadas. ¿Puedes notar eso? Mira nada más el detalle del Creador a la hora de hacer su obra creadora. Una cosa creada sirve para embellecer y trabajar en conjunto con otra cosa creada. Esto no se puede hacer sin un plan previamente establecido.

Tercero, Dios crea las estrellas para iluminar la tierra. Tercera función de la misma creación. Dios crea las estrellas para separar el día de la noche, para anunciar el cambio de estaciones y para alumbrar la tierra. La creación es una obra maestra. No podemos ignorar el hecho de que todo lo que hay cumple una función, y esa función fue establecida en un plan. Pero mira bien, no cumple una sola función, cumple varias funciones. ¿Cómo puede alguien crear una misma cosa para que tenga dos, tres o más utilidades? Solo un arquitecto meticuloso con un plan.

Ese plan de Dios es lo que la Biblia llama "propósito"; lo que leíamos en Isaías 46:10 que dice: *"Mi propósito se cumplirá y haré todo lo que deseo."*

Tú estarás pensando: "Pastora Omayra, ¿por qué me hablas acerca de un plan y un propósito en un libro que trata sobre celebrar la vida?". La razón es la siguiente: tú puedes asegurar una celebración en tu vida cuando llevas un plan, cuando llevas un propósito en todo lo que haces. Como te decía anteriormente, hay cosas que no puedes evitar que vengan a ti, como fracasos, enfermedades, problemas matrimoniales, problemas con tus hijos, pero hay algunas cosas, que, si tú trabajas tu vida con un plan detallado, y operas de una manera meticulosa, aún en los momentos difíciles tendrás la fuerza y los recursos suficientes para celebrar y asegurar un mejor resultado.

## PLANIFICA TU CELEBRACIÓN

Hay algo que entendí hace mucho tiempo y que ha marcado una gran parte de mis pasos en el ámbito profesional y ministerial, y es el siguiente principio: el éxito se planifica. El éxito no es un suceso, ni es un golpe de suerte, o un producto del destino. El éxito es una serie de pasos seleccionados con anterioridad y conducidos con cuidado, que se mueven hacia un fin determinado.

Una persona exitosa no es una persona que de la noche a la mañana tuvo un golpe de suerte y se hizo rica. Una persona exitosa no es una persona que recibió una herencia millonaria de un familiar y pasó de ser de un estatus social medio a un estatus socioeconómico alto. Eso no es éxito. Una persona exitosa es aquella que tuvo una idea que trabajó en su mente, la estudió cuidadosamente, se comprometió con ella, determinó una hoja de ruta por medio de decisiones concretas orientadas a ese fin, y se mantuvo en su camino hasta ver los resultados deseados.

Pero hay algo que quiero que entiendas en este punto. El verdadero éxito no es repentino. Cuando hablamos de éxito, el éxito en sí no es el resultado. Muchas personas, cuando emprenden un proyecto piensan solamente en el resultado que quieren obtener. Se olvidan de que el resultado es producto del proceso.

Lo que quiero decir con esto es que el éxito no necesariamente es el resultado que obtienes, porque el resultado es una consecuencia de algo. Si lo vemos de esta manera, lo que realmente constituye el éxito es el proceso que utilizaste para obtener ese resultado. El éxito no es el fin, el éxito son los medios que involucraste para obtener ese fin.

Entonces, cuando ves resultados exitosos en tu vida, lo que en realidad fue exitoso fue el plan, no el resultado. Si el plan hubiera estado con fallas, si el plan no hubiera sido adecuado, no hubieras obtenido estos resultados. Creo que es tan necesario que cuando emprendas un negocio, un proyecto, o cualquier cosa que te dispongas a hacer en tu vida, determines los resultados que quieres, pero comienza a prestarle más atención a tus propósitos y planes y trabaja tu éxito desde ahí.

## CELEBRA EL PLAN

Si el plan es más importante que el resultado, y el resultado depende del plan, ¿no deberíamos comenzar a celebrar más el plan tanto como celebramos los resultados?

¿Cuántas veces las personas piensan para sus adentros: cuando tenga tal auto me sentiré realizada, cuando obtenga mi título me sentiré completa, cuando tenga mi casa como siempre la he soñado sentiré que estoy en mi hogar? Y lo que yo pienso cuando escucho esas expresiones es: ¿por qué no sentirte feliz, realizada y satisfecha desde ya? ¿Por qué no puedes comenzar a sentirte plena desde ahora que estás trabajando para ese objetivo?

Comenzar un negocio no es un trabajo fácil. No es cualquier persona que se atreva a llevar sobre sus hombros la tensión, el arduo trabajo, la responsabilidad y el sacrificio de emprender un proyecto propio. Y si tú estás en ese proceso, por más difícil que sientas que lo estás llevando, ¿no deberías estar celebrando que estás haciendo algo fuera de lo ordinario? ¿No deberías celebrar que estás dando pasos que no muchas personas se arriesgan a dar? Aún si cometieras un error y experimentaras un fracaso, ¿no podrías celebrar el aprendizaje? Sea como fuera, no existe mejor maestro que la experiencia misma. ¿Por qué esperar a tener los resultados para celebrar tu esfuerzo?

La mejor manera en que tú puedes asegurar tu éxito es cuando te aseguras de celebrar el plan. Es decir, cuando comienzas a disfrutar y celebrar cada paso del camino que te lleva a ese resultado deseado.

He dicho en otros momentos, y no puedo pasarlo por alto en esta ocasión, que el mejor ejemplo que tenemos de alguien que celebra el proceso y el plan es Dios mismo.

Volvamos por un momento al relato de la creación. Dios tardó 6 días en realizar su obra completa sobre la tierra y el Universo, y el séptimo día descansó. Hay algo que me pone a pensar acerca de este hecho. Dios es tan grande y poderoso que Él perfectamente y con total facilidad hubiera podido llevar a cabo toda su creación en un solo día. Sin embargo,

Dios se tomó su tiempo y lo hizo en 6. Pero cuando lees versículo por versículo en Génesis 1, te das cuenta de que Dios hacía algunas cosas un día, y al terminar ese día se dedicaba a contemplar su trabajo de esa jornada, y lo disfrutaba. Leamos uno de esos versículos donde la Biblia hace esta referencia:

*Los hizo para gobernar el día y la noche, y para separar la luz de las tinieblas. Y Dios consideró que esto era bueno. Y vino la noche, y llegó la mañana: ése fue el cuarto día.*

(Génesis 1:18-19)

Puedo imaginarme a Dios, luego de un día intenso de trabajo, mirando todo lo que había creado durante ese día, y disfrutando cada una de sus creaciones. Mira las estrellas, mira los planetas, mira el Sol, y disfruta cada una de sus obras. Las celebra. Se les queda viendo y suspira de emoción. Sabe que aún le queda mucho trabajo por hacer. Hay mucha creación que está aún en papel solamente, pero se permite disfrutar y celebrar lo que lleva hasta el momento.

Dios celebra su plan. No solo celebra su plan, sino que también celebra cada paso del camino. El éxito se produce en tu vida cuando tú planificas cada paso que vas a dar en tu caminar, al menos los pasos que puedas prever, y que estén a tu alcance dar, y que disfrutas cada paso de ese camino. El éxito lo obtienes cuando vives tu camino como si fuera tu meta, cuando celebras tu viaje como su fuera tu destino.

Si tienes esta mentalidad dentro de ti, no hay contratiempo, alteración en tu ruta, o retraso que nuble tu celebración, porque de antemano te has dispuesto a que toda tu travesía es motivo suficiente de gozo y de celebración.

Yo quiero que pienses por un momento, ¿cómo ha sido tu caminar hacia tus sueños? ¿Ha sido un camino de celebración y banquete? O, de lo contrario, ¿ha sido un camino de ansiedad y amargura? De nuevo, no podemos obviar el hecho de que toda empresa, todo emprendimiento conlleva un alto nivel de sacrificio, esfuerzo, trabajo, y por qué no, estrés también, eso no lo estoy minimizando. Lo que sí quiero que entiendas es que el solo hecho de que estés haciendo algo diferente, con solo que tú reconozcas que estás realizando un esfuerzo extraordinario y estás yendo más allá de lo que hubieras podido imaginar, solo es suficiente para que cada paso que des lo hagas con júbilo, alegría y celebración.

Te doy otro ejemplo de alguien que se atrevió a celebrar el camino. En 2 Samuel 6, David se propone a recuperar el arca de Jehová y llevarlo de vuelta a Jerusalén, después de haber sido robada. Cuando David toma el arca, y comienza su regreso a su ciudad, estalló en celebración. Pero quiero que mires qué ocurrió en esta ocasión.

*Fue dado aviso al rey David, diciendo: Jehová ha bende-cido la casa de Obed-edom y todo lo que tiene, a causa del arca de Dios. Entonces David fue y llevó con alegría el arca de Dios de casa de Obed-edom a la ciudad de David. Y cuando los que llevaban el arca de Dios habían dado seis pasos, él sacrificó un buey y un carnero engordado. Y David danzaba con toda su fuerza delante de Jehová; y*

*estaba David vestido de un efod de lino. Así David y toda*
*la casa de Israel conducían el arca de Jehová con júbilo y*
*sonido de trompeta.* (2 Samuel 6:12-15)

¡Qué impresionante la actitud de David! Apenas llevaban
6 pasos en su travesía. Estaban recién comenzando, y desde
ese preciso momento ya David estaba celebrando. No habían
alcanzado la meta aún, no habían cumplido totalmente su
misión, aún faltaba mucho camino que recorrer, aún podían
ocurrir muchas cosas de camino. Es más, si miras unos versículos atrás, ¡acaba de ocurrir una gran tragedia! Pero seis
pasos de viaje ya eran suficientes para detener la caravana,
sacar los instrumentos, sacrificar una ofrenda y celebrar que
ya estaban de camino.

No esperes a llegar a tu meta para celebrar. No preten-
das que todo tenga que estar terminado y completo para sentirte realizada y satisfecha. Desde ahora mismo, aún si llevas 6
pasos, 1 paso o 500, saca tus mejores galas, levanta tu cabeza
en alto, pon una sonrisa en tu rostro y una carcajada en tu boca
y comienza a celebrar que vas encaminada hacia cosas grandes.

Recuerda que el éxito no es lo que obtendrás en el futuro,
el éxito es lo que estás haciendo ahora. Y, ¿qué deberías estar
haciendo? ¡Deberías estar celebrando que vas por buen camino
y que estás pronto para llegar!

# CONCLUSIÓN: LA MEJOR PARTE

Si has llegado hasta este punto del libro es porque realmente estás dispuesta a cambiar tu actitud anterior por una de celebración. En este recorrido que hemos realizado juntas hemos hablado acerca de la importancia de dejar atrás todo aquello que opaque sonrisa. Tus actitudes, tu manera de pensar, las decisiones que tomas, y hasta las personas con las cuales te haces rodear tienen un gran impacto en la experiencia de vida que tienes.

A todas las personas les gusta la felicidad. ¿Quién no disfruta de un estado de bienestar, paz y alegría? Sin embargo, si vas y haces una encuesta en la calle, y le preguntas a las personas, si consideran que son felices, es probable que muchas de ellas tengan que pensar su respuesta. Algunas, incluso de primera entrada, responderán que no son felices.

Muchas personas no saben encontrar la felicidad. Quizás lo más triste de esta realidad es que para muchos la felicidad es un imposible, una quimera, algo que no puede ser alcanzado. Lo que desconocen es que la felicidad siempre está a un paso de ti. Tú no necesitas nada para ser feliz. Al menos nada material. Lo único que necesitas es tomar una decisión; así como estás, con lo mucho o lo poco que tienes, con las situaciones buenas o no tan buenas que estás enfrentando. Tú puedes tomar una decisión que puede cambiar tu vida para siempre: la decisión de ser feliz.

Tomar esta decisión es muy sencillo, pero no siempre es fácil. Es sencillo porque cualquier persona lo puede hacer en cualquier momento. Si tú no eres feliz, podrías decidir serlo ahora mismo, de verdad es así de sencillo. Pero no es fácil porque no siempre las personas están dispuestas a dejar atrás ciertas actitudes o patrones de pensamiento que han tenido por años.

Es importante que entiendas esto: el estilo de vida que has cultivado por años va a ser determinante en tu manera de ver tu realidad y sobre las decisiones que tomes. Llegas momentos a lo largo del camino en que tienes que elegir si mantenerte sobre la misma senda que has caminado, o si intentas una vía diferente. Lo que quiero decir es que la parte difícil de ser feliz no es tu condición actual, sino tu decisión actual.

Creo que una de las mejores lecciones que se encuentran en la Palabra de Dios sobre la decisión de ser feliz y de celebrar un banquete nos la enseña Jesús en la casa de Marta y

María. Seguramente muchas de ustedes recordarán este singular acontecimiento, pero para las que no lo han oído aún, quiero que leamos juntas este relato en la Biblia. Se encuentra en Lucas 10: 38-42. Esto fue lo que ocurrió:

> *Aconteció que, yendo de camino, entró en una aldea; y una mujer llamada Marta le recibió en su casa. Esta tenía una hermana que se llamaba María, la cual, sentándose a los pies de Jesús, oía su palabra. Pero Marta se preocupaba con muchos quehaceres, y acercándose dijo: Señor, ¿no te da cuidado que mi hermana me deje servir sola? Dile, pues, que me ayude. Respondiendo Jesús, le dijo: Marta, Marta, afanada y turbada estás con muchas cosas. Pero solo una cosa es necesaria; y María ha escogido la buena parte, la cual no le será quitada.*

¿Te imaginas que Jesús te diga eso? Básicamente Jesús le dijo: "Marta, tú no estás celebrando porque no quieres. Estás sobrecargada con cosas que pueden parecer apremiantes, pero no son necesarias. Debes elegir realmente qué es lo importante en tu vida." La verdad es que esas palabras de Jesús resuenan fuertemente en mi mente cada vez que me siento abrumada por el trabajo o las responsabilidades. Y recuerdo que en medio de todas estas cosas yo puedo elegir la mejor parte.

Quiero hacer un paréntesis aquí. No creo que Jesús le estaba diciendo a Marta: "No hagas nada, deja todo tirado y siéntate", o quizás sí, la verdad la Biblia no nos da más detalle al respecto. Pero en el fondo, creo que lo que Jesús le estaba diciendo a Marta era que aún con todo lo que estaba haciendo, porque no podemos ignorar que Marta estaba sirviendo a Jesús, también hay algo que es muy importante, y es celebrar el presente, celebrar y disfrutar lo que estás viviendo.

Una de las cosas más bellas acerca de esta respuesta de Jesús es que le aseguró a Marta: lo que ella está disfrutando, ese banquete que ella está experimentando no le será quitado. ¿Puedes entender las implicaciones de esta afirmación de Jesús? Cuando tú tomas la decisión de celebrar tu vida y lo que Dios tiene para ti, nadie te podrá quitar eso. Nadie podrá sacar de tu vida la felicidad y la alegría constante, ni siquiera la adversidad más oscura podrá borrar tu sonrisa, porque cuando tú eliges la mejor parte, nadie te la puede quitar.

En tu vida vas a asumir bastantes responsabilidades, tendrás que enfrentar grandes desafíos y atravesar valles, montañas y mares, pero lo que nunca debes olvidar es que, en todos esos momentos, por todos esos lugares, hay una mejor parte para ti que tú puedes elegir y que depende solamente de ti. Esa mejor parte es cuando tú tomas la decisión de celebrar tu vida y todo lo que estás experimentando, sea lo que sea.

Tú puedes hoy elegir esa mejor parte. Elige hoy mismo comenzar una vida de celebración constante. Disfrutarás más las bendiciones de Dios y lograrás mejores resultados en todo lo que hagas.

## MUJER, ¡CELEBRA!

# ACERCA DE LA AUTORA

Omayra Font es esposa, madre, abuela, educadora, empresaria y una mujer de Dios cuya primera prioridad es su ministerio pastoral.

*Mujer, celebra* es el cierre de su serie de libros de bolsillo para la mujer, nacidos en el corazón de la autora para ayudar a las mujeres a desarrollarse al máximo. En esa misma línea se destacan su grupo privado de Facebook, *Divinas Pastora Omayra Font*, y sus podcasts de enseñanza y motivación. Sus mensajes se escuchan a través de las ondas radiales de Pura Palabra Media en Puerto Rico y Orlando, Florida, y en Internet por purapalabra.com. Omayra es, además, coach certificada de ICF y Advanced Certified Hogan.

Es la esposa de Otoniel Font; madre de Joanirie, Janaimar, Jenibelle y Jillianne, y abuela de Elania Grace. Es pastora de las iglesias Fuente de Agua Viva en Puerto Rico y Orlando, Florida; y fundadora y directora de Fountain Christian Bilingual School. Reside en Puerto Rico junto a su familia.